하나님의 레시피

세움북스는 기독교 가치관으로 교회와 성도를 건강하게 세우는 바른 책을 만들어 갑니다.

간증의
재발견
10

하나님의 레시피
평범한 인생에 특별함을 더하신 은혜의 레시피 행전

초판 1쇄 인쇄 2025년 9월 15일
초판 1쇄 발행 2025년 9월 20일

지은이 | 민찬양
펴낸이 | 강인구

펴낸곳 | 세움북스
등 록 | 제2014-000144호
주 소 | 서울시 종로구 대학로 19 한국기독교회관 1010호
전 화 | 02-3144-3500
이메일 | cdgn@daum.net

그 림 | 심효섭
디자인 | 참디자인

ISBN 979-11-93996-58-4 (03230)

* 이 책은 신저작권법에 의하여 국내에서 보호를 받는 저작물입니다.
  출판사의 협의 없는 무단 전재와 무단 복제를 엄격히 금합니다.
* 책값은 뒤표지에 있습니다.
* 잘못된 책은 교환하여 드립니다.

이 도서는 시각장애인의 기독교 도서 보급을 위해 AL-소리도서관에 기증하여 데이지 파일로 제작됩니다.
이 책의 인세 수입금 전액은 신학생 장학 후원에 사용됩니다.

간증의
재발견
10

하나님의
레시피

민찬양 지음

세움북스

Recommendation
추천사

민찬양 목사님과 교제하게 된 지는 불과 2년 조금 넘었습니다. 하지만 그 사이 밀도 있게 교제하며 "형님, 동생"하는 사이가 되었고, 그러다 보니 더 관심 있게 민 목사님의 삶을 지켜보게 되었습니다. 글을 쓴다고 들었을 때 어떤 글일까 궁금했습니다. 그런데 원고를 받아 보고 한 줄 한 줄 읽어 가면서 '역시나'라는 생각이 들었습니다. 평소 교제하며 지켜보던 저자의 성품이 그대로 담겨 있었습니다.

원고를 읽으며 다음의 단어들이 떠올랐습니다. '자족', '공감', '교회', '사랑', '하나님'. 지난 세월을 통해 주어진 상황을 하나님의 섭리로 받아들이며 '자족'하게 되고, 그 세월을 통해 사람들의 마음을 '공감'하게 되며, 그러한 마음과 자세로 '교회'와 성도들을 '사랑'하고 '섬기는' 저자를 만날 수 있었습니다. 무엇보다 당신의 교회를 섬기게 하시려고 저자를 다듬어 가시는 '하나님'의 놀라운 은혜를 만날 수 있었습니다.

저자의 글을 읽으며 목회자이자 성도로 살아가는 제 모습은 어떠한지 반성했습니다. 저자의 하나님을 향한, 성도님들을 향한, 그리고 만나는 사람들을 향한 사랑을 바라보며 제 사랑을 점검할 수 있었습니다. 무엇보다 제 삶을 다듬어 가시는 하나님의 은혜도 새삼 생각해 보게 되었습니다.

소망이 없어 보이는 이 시대에도 하나님께서 강력하게 일하고 계심을 만나고 싶으시다면 이 책을 읽어 보시길 권합니다.

∴ **김민철** (한솔교회 담임 목사, 『성도는 우리 가족뿐입니다』 저자)

교제하고 있는 목사님들이 '진국'인 목사님이 있다면서 저자를 소개해 주었습니다. 직접 만나 보니 '진국'보다 '찐'목사님이었습니다. 저자는 선교회와 학교 후배들을 위한 일을 마치 총회장처럼 섬기고 있었습니다. 젊은 나이에 교회를 개척하여 묵묵히 섬기고 있었습니다. 심지어 아픈 몸을 이끌고 묵묵히 그 일들을 감당하고 있었습니다. 원체 자신의 속내, 아픔을 드러내지 않기에, 그럼에도 누구보다 섬김에 앞장서고 있기에 몰랐습니다. 건강하고 여유가 있는 줄 알았습니다.

이 책은 끝까지 읽어 봐야 합니다. 겉으로 보기에는 평범한 간증집 같지만, 끝까지 읽고 책을 덮으면, 나 자신이 어떻게 살아야 할지 고민하게 됩니다. '하나님의 레시피'에 쓰임받는 자가 되고 싶다는 강한 욕구가 일어납니다.

이 시대, 많은 목회자가 있지만 예수님을 닮은 목회자를 만나는 것은 참으로 감사한 일입니다. 곁에 저자와 같은 하나님의 사람이 있어서 감사하고 행복합니다. 뚜벅뚜벅 주님께서 가신 길을 걷는 저자와 그 가정, 그리고 교회에 박수를 보냅니다. 이 책을 통해 '하나님의 레시피'가 더욱 풍성해질 것을 믿습니다.

✽✽ 김영한 (품는교회 담임 목사, Next 세대 Ministry 대표)

"하나님의 레시피"라는 제목은 독자들의 호기심을 자극하며, 책을 열어 보고 싶게 만드는 매력을 지니고 있습니다. 저자는 삶을 하나의 요리 과정으로 비유하며, 특정 음식을 완성하기 위해 필요한 재료와 조리 방법을 체계적으로 정리한 레시피(Recipe)처럼, 하나님께서 우리의 삶에 적합한 재료를 선택하고 조합하여 완벽한 결과를 만들어 내신다는 깊은 은유를 담고 있습니다.

책에서 저자는 자신의 삶에서 경험한 모든 사건과 만남이 마치 요리사가 재료를 선택하고 조합하듯, 하나님은 우리의 삶을 위해 최적의 조건과 환경을 준비하시며 어려움과 실패조차도 그분이 사용하시는 중요한 재료임을 강조하며, 어려움 속에서도 하나님의 계획을 신뢰하도록 독려합니다.

이 책은 신앙이 일상에서 어떻게 실천될 수 있는지 신앙과 삶의 균형을 고민하는 모든 그리스도인들에게 유익합니다. 따라서 삶 속에서 하나님의 섭리를 체험하고자 하는 모든 이들에게 본서의 일독을 권합니다.

✶✶ 김은호 (백령도 연지교회 담임 목사, 한국성서대학교 교수)

《하나님의 레시피》는 자신의 감정과 욕구가 우선시되는 이 시대 속에서, 삶의 작은 한 자락이라도 주님을 더 닮아 보려 발버둥 치는 저자의 진실한 삶이 온전히 녹아 있는 책입니다.

눈물과 기쁨, 아픔과 외로움, 실패와 회복의 모든 순간은 하나님의 이야기를 펼쳐 나가는 소중한 재료가 되었고, 선하신 하나님은 그의 삶을 가장 아름다운 레시피로 엮어 최고의 영광을 받으셨음을 고백하게 합니다.

이 책은 단순한 개인의 서사를 넘어, 하나님께서 한 사람의 삶을 통해 어떻게 역사하시는지를 보여 주는 생생한 삶의 이야기입니다. 《하나님의 레시피》를 읽는 독자들은 저자가 고백하듯, 우리의 삶 속에서 겪어온 모든 시간이 결코 헛되거나 버려질 것이 없음을 깊이 공감하게 될 것입니다.

때로는 긴 터널과도 같은 시기를 지나며 묵묵히 믿음의 길을 걸어가는 모든 성도와 교회에, 이 책을 기쁨과 확신 속에서 자신 있게 추천합니다.

✶✶ 김현정 (행복한교회 담임 목사, 리스텝 미니스트리 공동대표)

여기 바보 목사가 하나 있습니다. 성도만 참 바보같이 사랑하는 바보 중의 바보 목사입니다. 어릴 적 아버지가 교회를 개척하시며 가난이 찾아왔습니다. 생계가 막막하여 생활 정보지를 보던 어머니를 아들이 말렸습니다. "우리가 가난을 알아야 성도들을 이해할 수 있지 않느냐?" 어머니는 철부지 아들의 말을 선지자의 음성으로 생각했습니다.

어린아이 때부터 성도들을 생각한 아들은 아버지를 이어 목사가 되었습니다. 노숙인, 알코올 의존자, 실업자, 홀몸 어르신들로 북적거리는 당고개에 교회를 개척했습니다. 세상 가장 작은 자들의 이웃이 되어 주었습니다. 저자는 생계로 인해 주일에 교회에 올 수 없다는 집사의 손을 꼬옥 잡고 격려했습니다. "주일에 쉬지 못하고 얼마나 노고가 많으세요. 주님께서 집사님의 마음을 아세요. 식사 거르지 말고 꼭 챙겨 드세요." 집사의 눈시울이 붉어졌습니다. 많은 교회에서 바보 목사를 데려가고 싶어 했습니다. 좋은 청빙 제안들을 저자는 다 거절했습니다. 가난하고 어려울지라도 성도들과 함께하는 삶을 택했습니다.

저자는 성도들과 함께하는 시간이 가장 행복하다며 바보 같은 삶을 살아가고 있습니다. 사랑하는 성도들과 함께 있는 것을 세상 가장 큰 행복으로 여기는 바보 목사의 이야기가 차가운 우리 마음을 따스하게 합니다.

✽✽ 서진교 (목사, 작은예수선교회 대표, 《선한 사마리아인의 목적지》 저자)

내일이 불확실한 혼돈의 시대에 한 사람의 인생을 써 내려가는 여정이 너무나 아름답습니다. 하나님께서 저자의 삶 속에 친히 써 내려가신 은혜의 기록이기 때문입니다.

저자의 눈물과 수고는 땅에 떨어지지 않았고, 그 고난은 절망으로 끝나지 않았으며, 하나님을 영화롭게 하는 통로가 되었음을 선명하게 보여 줍니다.

세월의 나이테를 그리며 눈물로 지나온 그 길이 찬송으로 바뀌는 놀라운 은혜의 순간들로 간증이 되어 고스란히 담겨 있습니다. 세상이 주는 만족은 순간적이지만 하나님께서 주시는 만족은 영원합니다. 이 진리가 저자의 인생을 통해 살아 숨 쉬듯 증언되고 있습니다.

이 책은 단순한 간증을 넘어 하나님의 영광을 향한 초대장입니다. 이 책을 읽는 독자마다 그 초대에 응답하며 하나님을 더 깊이 사랑하게 될 것입니다.

✽ 장영식 (서울 엠마오교회 담임 목사)

주님의 사랑받는 아들, 민찬양 목사님의 이야기와 시간 속에서 역사하시는 선하신 하나님께 먼저 영광을 올려드립니다. 민 목사님의 진솔한 삶의 고백인 《하나님의 레시피》를 단숨에 읽었습니다. 그리고 역시, 평소에 내가 만나고 보았던 그가 거기에 그대로 있었습니다.

그는 작고 소박한 우리 선교회에서 목사 안수를 받고서 주님을 닮은 모습으로 목회하였습니다. 그의 언어, 품성, 섬김과 헌신은 모두의 사랑과 존경을 받기에 넉넉하였습니다. 정말 그의 고백처럼 그는 우리 모두를 위한 하나님의 레시피입니다. 그는 정말 맛깔나는 목사입니다. 마치 숨은 맛집과 같습니다. 부모님의 넉넉하신 기도와 사랑 속에 잉태된 하나님의 레시피입니다. 목회자이신 부모님을 닮아 양들을 향한 사무치는 사랑, 낮아지고 뒤에 서는 겸손, 그리고 인내와 절제 속에 주님의 모습이 보입니다.

하나님을 사랑하는 법, 주님의 진정한 마음, 성도와 이웃과 가족을 섬기는 모델들이 이 안에 가득합니다. 모든 분에게 본서의 일독을 적극 권합니다. 그러면 우리도 또한 '하나님의 레시피'인 것을 알게 될 것입니다.

현희철 (중앙성서교회 공로 목사, 한국성서선교회 이사장)

목차

추천사 • 5
프롤로그 • 19

Prep 01 스며든 복음
어머니의 기도 • 24
호텔 도시락, 꽃 시장, 그리고 풀벌레 소리 • 26
별에서 온 누나? • 27
돈가스, 사탕 그리고 주머니 • 30
수호천사 • 31
악몽 • 32
보충 수업 • 33
부러움 반 호기심 반 • 35
기억 그리고 만남 • 36
집 청소 • 39
문 잠그고 뭐하니? • 41
무시하다 • 42
복음이라는 장르의 음악 • 44

Prep 02 개척 교회 목사의 아들
브라질 촌(?)에 세워진 교회 • 46
하나님의 돌보심 • 47
적과의 동침 1 • 48
고작 옷 한 벌 때문에 • 49
계단 아래에서 • 51
강박 행동 • 53
괜찮아야 했던 아이 • 54

별식 • 56
바위보다 크신 하나님 • 57
넉넉함 • 58
'찬양'이 싫었던 날들 • 59
개명 • 61
무명한 자 같으나 유명한 자(?) • 63
이름을 뭐라고 지을까? • 64

Prep 03 신학도의 꿈
영화감독 • 68
원서 접수 • 71
하나님을 배우다 • 73
사랑도 고민도 필요했던 날들 • 75
빚진 자 • 79
총학, 학회 그리고 동아리 • 81
세상을 바꾸겠다는 다짐 • 86

Prep 04 감사하지 아니한 家
옥탑방 신혼 생활 • 90
부부 상담 • 93
임대 아파트 • 94
옥탑방으로 돌아오다 • 97
반지하 전셋집 • 99
셀프 아닌 헬프 리모델링 • 102
설레는 모기장 텐트 안에서 • 103
감사도 기쁨도, 때로는 조용히 • 105
오르고 내리며 • 106
적과의 동침 2 • 110
화초도 자라지 않는 곳에서 • 113

Prep 05 초보 아빠의 고백

새싹 • 118
초보 아빠 • 120
그냥 좋아 • 121
두 번의 이별 • 122
기쁨이 오다 • 124
첫째에게도 기쁨이기를 • 128
달콤 살벌한 존댓말 • 129
콩닥콩닥 • 131
아빠가 되다 • 132
늑대보다 크신 하나님 • 134
여호와는 나의 목자시니 • 135
여전히 초보 아빠입니다 • 136
하늘 아버지가 계시니까 • 138

Prep 06 기다림의 은혜

확신과 무모함 사이에서 • 142
개척 • 144
첫 번째 세례 • 147
복음과의 충돌 • 148
새로운 작품 • 152
우리가 정말 우리일 수 있을까? • 153
쉬운 선택 • 156
사랑에 으뜸인 교회 • 157
기다림은 내 것이 아니었습니다 • 160

Prep 07 헤아림의 현장

커피 쿠폰 • 164
먹고 놀면서도 자랍니다 • 168

인스턴트커피가 잘 어울리는 남자 • 170
1퍼센트 • 170
아픈 만큼 더 사랑합니다 • 173
우리 교회, 너희 교회? • 176
종착역 • 178
은밀한 접선 • 181
쌀쌀한 이야기 • 183
헌금 봉투 • 185
마을을 섬기는 교회 • 189
성경 1독 프로젝트 • 191
선교 원 팀 • 194
그저 필요한 일을 할 뿐입니다 • 195

Prep 08 일하는 목회자

뭐라도 해 보자 • 200
문자 한 통 • 202
수제 과일청 • 203
생업을 대하는 태도 • 208
이제야 배우기 시작한 것들 • 211
장사도 목회가 될 수 있을까? • 212
눈물을 세시는 주님 • 214
교목이 되다 • 216
첫 출근 • 220
캠퍼스 목회 • 222
마스크에 가려진 마음 • 224
최고의 평가 • 227
다시 목회 현장으로 • 228
자기연민, 그 무서운 유혹 • 229
연민을 가진 사람 • 230

Prep 09 선을 넘은 사랑

이명보다 사명 • 234
나대지 마 심장아 • 236
번 아웃 • 238
'미안해'가 아닌 '고마워' • 241
그냥 전화해 봤어요 • 243
'나'를 만나는 시간 • 245
애썼다 • 247
괜찮아 보여서 괜찮지 않은 너에게 • 248
제주도에 처음 와 봤어요 • 251
혼자서는 할 수 없는 일 • 252
음압격리실에 오신 성령님 • 254
다시 피운 꽃 한 송이 • 258
공감의 힘 • 259
선을 넘은 사랑 • 261

에필로그 • 263

Prologue
프롤로그

품는교회 김영한 목사님이 책을 써 보라고 권하셨습니다. 하지만 그때마다 정중히 거절했습니다. 책에 담기에는 제 삶이 너무나 평범할 뿐 아니라, 아직은 채워야 할 것들이 더 많다고 생각했기 때문입니다. 하루는 제주에서 '신학과 철학' 모임을 마치고 돌아오는 길이었습니다. 김영한 목사님이 누군가와 메시지를 주고받고 계셨는데, 바로 세움북스 강인구 대표님이었습니다. 그 자리에서 목사님은 저를 예비 저자로 추천해 주셨습니다.

그렇게 며칠 뒤 세움북스 사무실을 방문했습니다. 미팅 내내 제 이야기를 해야 했습니다. 눈을 마주치고, 귀를 기울이는 누군가를 마주하는 건 생각했던 것보다 훨씬 더 어렵고 낯선 일이었지요. 붉어지던 눈시울도 마주하기 어려웠습니다. 저 역시 상기된 표정을 감추지 못했습니다. 그렇게 힘겨웠던 미팅을 마치고서 출판 계약을 맺었습니다. 그리고 예배당에 돌아와 혼자서 참 많이도 울었습니다. 왜 그랬는지 모르겠지만, 어린아이처럼 엉엉 울었습니다.

제 이야기를 글로 풀어낸다는 것, 제 시간을 종이에 담아낸다는 것은 역시나 쉽지 않았습니다. 애써 외면했던 감정들과 마주할 때는 고통스럽기까지 했습니다. 하지만 돌아보니, 그 모든 희로애락에 주님께서 함께 계셨습니다.

본문 장 제목에 있는 'Prep(프렙)'은 '준비하다'라는 의미의 영어 단어 'prepare'의 줄임말입니다. 특히 요리를 시작하기 전에 식재료를 미리 손질하며 준비하는 과정을 의미하는 말로도 쓰입니다. 정말이지 하나님께서는 우리 각자를 위해 가장 좋은 레시피(recipe)를 가지고 계시며, 그 특별한 레시피에 어울리는 재료들을 정확하게 사용하십니다. 그 완전하신 섭리 가운데서 우리 삶의 그 무엇도 버리지 않으십니다.

지극히 평범하고 개인적인 간증이기에, 시간의 순서보다는 공감할 수 있는 몇 가지 주제들로 구분하여 이야기를 풀어갔습니다. 지나친 해석이나 개입도 최소화했습니다. 사건을 객관화하려고 노력했고, 필요에 따라서는 축소하거나 생략하기도 했습니다. 제 이야기이지만 제가 아닌 하나님께서 드러나시면 좋겠다고 생각했습니다.

이 책이 나오기까지 함께해 주신 분들이 너무나 많습니다. 사랑하는 부모님과 한일성서교회 성도들 그리고 리스텝 미니스트리와 한국성서선교회 및 한국성서대학교의 동역자들, 더 나아가 저를 위해 기도해 주시고 함께해 주시는 국내외 많은 형제자매와 세움북스 가족들에게 감사의 마음을 전합니다. 지면 관계상 한 분 한 분 이곳에서 인사드리지 못하지만, 직접 찾아뵙고 인사를 드리겠습니다.

마지막으로 사랑하는 아내와 삼 남매에게도 사랑과 감사를 전합니다. 사실 이 책은 아내와의 공저나 다름없습니다. 아내의 눈물이 이 책에 담겨 있습니다. 아빠에 대한 삼 남매의 사랑이 모든 이야기에 스며 있습니다.

부디 페이지를 넘기는 여러분의 손끝에 예수님의 향기만 짙게 배어나기를 소망하며, 주님 안에서 일상을 살아 내는 모든 분과 우리의 하늘 아버지께 이 책을 바칩니다.

2025년 8월
한일성서교회 예배당에서
민찬양 목사

Prep 01

스며든 복음

01
스며든 복음

| 어머니의 기도 |

어머니는 종종 어린 저를 데리고 교회에 가셨습니다. 그리고 늘 같은 자리에 앉아 기도하셨지요. 저는 그런 어머니의 무릎을 베고 놀다가 혼자서 잠들곤 했습니다. 따분하거나 지루하지 않았습니다. 어머니와 함께하는 그 시간도, 어머니의 기도 소리도 참 좋았습니다.

그런데 어머니의 얼굴은 언제나 눈물범벅이었습니다. 어머니는 왜 그렇게 우셨을까요? 호기심 가득한 눈으로 그런 어머니를 한참 동안 올려다보았습니다. 어머니의 기도는 슬픔에 젖은 듯 간절하면서도 하늘에 닿을 듯 힘이 넘쳤습니다.

기도가 끝나면, 어머니는 양손으로 눈물을 훔치셨습니다. 그러고는

저를 내려다보시며 환하게 웃으셨습니다. 창밖의 햇살이 온통 어머니를 비추고 있었습니다. 그 순간 저는 어머니의 눈에 가장 큰 기쁨이자 행복이었습니다.

이제는 조금 알 것 같습니다. 어머니의 기도, 어머니의 눈물은 사랑 그 자체였습니다. 사랑해서 기도하셨습니다. 사랑해서 우셨습니다. 사랑해서 사랑을 쏟아 내셨습니다.

그렇게 저는 어머니의 기도를 먹으며 자랐습니다. 어머니의 두 뺨에 흐르던 사랑이 저에게도 담겼습니다. 아들을 위해 기도하시는 어머니, 그것은 세상 그 무엇과도 바꿀 수 없는 소중한 선물이었습니다.

호텔 도시락, 꽃 시장, 그리고 풀벌레 소리

사랑에도 향기가 있습니다. 그것이 곳곳에 배어 흔적을 남기고 어둠을 밝힙니다. 영혼을 살리거나 무너진 것을 일으키기도 합니다. 어린 시절의 저에게도 그랬습니다. 넉넉하지는 않았지만 사랑만으로 충분했습니다.

아버지는 뒤늦게 신학을 공부하셨습니다. 공부와 사역 그리고 생계를 위해 늘 바쁘게 사셨지요. 그럼에도 아버지는 가족들에게 최선을 다하셨습니다. 가끔 아버지는 노란 봉투에 빵을 한가득 사 오셨습니다. 어린 제 눈에 그것은 세상에서 가장 큰 빵 봉투였습니다. 하루는 아버지께서 노회 모임에서 2단짜리 호텔 도시락을 받아 오셨습니다. 돈가스와 함박스테이크가 큼지막하게 담겨 있었는데, 지금까지도 그 맛을 잊을 수가 없습니다.

하지만 아버지는 정작 자신에게는 늘 인색하셨습니다. 때로는 숟가락 하나 줄이시려고 일부러 기도원이나 삼각산에 올라가셨다가 며칠이 지난 후에야 내려오곤 하셨습니다.

어머니 역시 쉬지 않고 일을 하셨습니다. 어머니는 꽃이나 액세서리를 판매하셨고, 집에서도 여러 부업을 하셨습니다. 그럼에도 항상 웃으셨습니다. 사람들은 그런 어머니를 좋아했습니다. 초등학교에 들어가기 전에는 그런 어머니를 따라 동대문이나 남대문에 가곤 했습니다. 꽃시장의 습도, 여기저기 붙어 있던 '불조심' 포스터가 지금도 생생하게 기억납니다. 멀미를 참아 가며 먼 거리를 다녀야 했지만, 바나나 우유 하나에 세상 행복했습니다. 사실, 동네 인형 공장에 들어가는 것보다는 훨씬 좋았습니다. 지하실 곳곳에 널려 있는 털뭉치와 퀴퀴한 냄새가 왠지 모르게 무서웠거든요.

금요일에는 철야 기도회를 마친 부모님께 업혀서 집에 가곤 했습니다. 상계동의 시원한 밤공기와 여기저기에서 들려오는 풀벌레 소리, 무엇보다 부모님의 따스한 온기에 기분이 좋았습니다. 저의 어린 시절은 행복했습니다. 사실 가난한 줄도 몰랐습니다. 사랑으로 넉넉했고, 또 충분했으니까요.

| 별에서 온 누나? |

누나와는 어릴 적부터 사이가 좋은 편이었습니다. 특히 누나는 하나뿐인 남동생의 기를 안 죽이려고 애를 많이 썼습니다. 대학생이 되어 카페나 레스토랑에서 친구들에 비해 능숙하게 주문할 수 있던 것도 누나의 조기 교육(?) 덕분이었습니다. 가난한 형편에도, 그렇게

누나는 늘 저를 특별한 사람으로 만들어 주었습니다.

여섯 살쯤 되었을 때, 누나와 집으로 향하던 중 골목에서 무섭게 생긴 형들을 만났습니다. 그 형들은 당시 누구나 한 번쯤 들어 봤을 대사로 저와 누나에게 겁을 주었습니다.

"주머니 뒤져서 나오면 10원당 한 대다."

저는 누나 뒤로 숨었습니다. 누나도 분명 겁이 났겠지요. 그런데 그때 누나가 말했습니다.

"내 동생은 보내 줘."

겨우 초등학교 2학년이었던 누나였지만, 동생 앞에서는 그 무엇보다 든든한 방패였습니다. 덕분에 저는 먼저 집에 갈 수 있었습니다. 다행히(?) 이후의 일은 기억나지 않습니다. 다만 누나의 증언(?)에 따르면, 자신이 지켜 주었던 그 하나뿐인 동생은 너무나 해맑게 집에서 사탕을 먹고 있었다고 합니다. 물론 누나도 무사히 들어오긴 했지만, 지금 생각하면 제가 왜 부모님께 도움을 요청하지 않았는지 모르겠습니다.

하지만 그렇게 동생을 아끼던 누나도 가끔은 짓궂은 장난을 치곤 했습니다. 하루는 잠을 자려고 이불을 덮고 누워 있는데, 누나가 갑자기 오랜 비밀을 털어놓기 시작했습니다.

"찬양아?"
"응?"
"사실 누나는 외계에서 왔어. 언젠가 원래 살던 별로 돌아가야 해."
"……"
"그동안 즐거웠어, 동생아."
"……"
"……"
"… 거짓말이지?"

저는 눈 아래까지 이불을 끌어당기고 숨죽이며 돌아누웠습니다. 동그란 눈이 더 커지고, 심장도 마구 뛰었습니다. 교회에 가신 부모님이 얼른 오시기만을 기다렸습니다. 아마도 누나는 그런 저의 뒷모습을 보며 키득거리고 있었겠지요.

돈가스, 사탕 그리고 주머니

하루는 아버지가 사역하시던 교회의 목사님께서 저희를 초대해 주셨습니다. 좁은 통로를 지나야만 들어갈 수 있는 그런 집이었는데, 어린 제 눈에도 허름하고 비좁아 보였습니다. 집이라기보다는 창고를 개조해서 만든 작은 공간에 가까웠습니다.

그렇게 들어선 방 한가운데에는 푸짐한 저녁상이 차려져 있었습니다. 말 그대로 진수성찬이었습니다. 특히 하얀 세라믹 접시에 가득히 쌓여 있던 돈가스—당시에는 그것이 무엇인지도 몰랐던—가 눈에 띄었습니다. 반듯하게 잘린 돈가스를 케첩에 찍어 먹었을 때, 눈이 번쩍 뜨였습니다. 그것이 제 인생 첫 번째 돈가스였습니다.

목사님의 바지 주머니에는 늘 무언가가 들어 있었습니다. 박하사탕, 500원짜리 동전, 밀크카라멜 등 제가 좋아하는 것(땅콩카라멜 제외)들이 가득했지요. 낯가림이 많았던 저도 목사님의 주머니에는 자꾸만 시선을 빼앗겼습니다.

죄송하게도 당시 들었던 설교 말씀은 하나도 기억나지 않습니다. 하지만 접시에 가득했던 그 돈가스와 목사님의 주머니 속 사탕은 지금도 생생합니다. 그렇게 사랑은 스며들었습니다.

| 수호천사 |

다섯 살쯤 되었을까요. 주일 오후, 어머니는 교회 성도님들과 전도를 하셨습니다. 저는 언제나처럼 어머니 뒤에 바싹 붙어 있었지요. 그때 어디에선가 비눗방울이 날아왔습니다. 알록달록한 비눗방울에 온 동네 아이들이 모여들기 시작했습니다. 저라고 예외일 순 없었지요. 키 큰 형들에게 질세라 두둥실 떠 가는 비눗방울을 잡기 위해 있는 힘껏 손을 뻗었습니다. 그런데 그때였습니다.

"조심해!"

"끼익-"

놀라서 뒤를 돌아보니, 저보다 몇 배나 큰 자전거 바퀴가 바로 눈앞에 있었습니다. 찰나의 순간, 피할 겨를도 없이 그렇게 저는 자전거에 부딪히고 말았습니다.

얼마 뒤에 눈을 떠 보니 낯선 아저씨 품에 안겨 있었습니다. 아저씨는 어딘가로 급히 달려가고 있었습니다. 피 묻은 손수건으로 제 머리를 꽉 누른 채로요. 이내 정신을 잃었지만, 잠시나마 올려다본 아저씨의 모습이 아직도 어렴풋이 남아 있습니다.

주일이었기에, 병원 대부분이 문을 닫은 상태였습니다. 그럼에도 아저씨는 포기하지 않았습니다. 그리고 결국에는 한 병원을 찾아냈습니다. 다급히 계단을 뛰어 내려가는 소리에 다시 눈을 떴습니다. 그렇게 아저씨는 저를 인계하신 후 조용히 떠나셨습니다.

그날을 회상할 때마다 어머니는 감사의 인사도 제대로 하지 못했다며 미안해하셨습니다. 그리고 늘 그 아저씨를 '천사'라고 불렀습니다. 저 역시 어렸을 때는 그렇게 생각했습니다.

나중에 안 사실이지만, 그 와중에 어머니는 사고를 낸 아이를 잘 달래서 돌려보내셨다고 합니다. 어머니께서도 많이 놀라셨을 텐데, 아들을 다치게 한 아이를 먼저 품으셨던 것입니다. 그 아이에게도 어머니는 분명 천사로 기억되었을 겁니다.

| 악몽 |

외상 후 스트레스 때문인지는 모르겠습니다. 이후 몇 해 동안 반복적으로 악몽에 시달렸습니다. 지금 생각해도 너무나 끔찍한 꿈이었습니다. 그리고 그때마다 공황 발작을 일으켰습니다. 심지어 입원했던 병실에서도 난동(?)을 부렸지요.

그런 악몽과 공황 발작은 10대 초반까지도 이어졌습니다. 왠지 모르게 불안한 밤, 귀가 먹먹해지고 현실감이 없어지는 날에는 어김없이 온 가족의 새벽잠을 깨우고 말았습니다. 무언가에 놀란 듯 이리저리 뛰어다니다가 어머니의 품에 안기고 나서야 겨우 안정을 되찾곤 했지요.

당시에는 '심리 치료'라는 개념도 흔하지 않았습니다. 하지만 부모님은 어려운 형편에도 보약을 지어서 저를 먹이셨습니다. 그저 아들이 낫기를 바라는 마음으로 그렇게 하셨을 겁니다.

감사하게도 중학생이 된 후로는 악몽을 꾸지 않았습니다. 발작도 사라졌습니다. 당시 제 일기에는 증상에 대한 고민과 기도가 빼곡하게 적혀 있습니다. 증상이 사라진 후에는 하나님께 감사하며 찬송하는 시를 쓰기도 했습니다. 지금 보면 유치한 내용들이지만, 하나님께서는 예쁘게 보셨으리라 믿습니다.

| 보충 수업 |

지금은 있을 수 없는 일이지만, 당시에는 학교 반장이 되면 떡이나 과자 등을 돌려야 했습니다. 선거를 앞두고는 친구들을 초대해 파티

하거나 선물을 나눠 주는 일도 흔했습니다. 당시에는 아무도 그런 것을 문제 삼지 않았거든요.

저는 친구들에게 아무것도 사 줄 수 없었습니다. 그럼에도 줄곧 반장이나 부반장으로 뽑히곤 했습니다. 부모님은 물론 기뻐하셨지만, 한편으로는 마음이 무거우셨을 겁니다. 다른 집처럼 떡이나 햄버거를 사서 보낼 수 있는 상황이 아니었기 때문입니다.

그래서인지 때로는 선생님들께 노골적으로 차별을 받기도 했습니다. 하지만 애써 모른 척했습니다. 그럴수록 더 밝은 척을 하며, 열심히 봉사했습니다. 하나님께서 보고 계시니 아무렇지도 않았습니다. 하지만 때로는 주눅이 들기도 했습니다. 괜찮은 척했지만, 괜찮지 않을 때도 많았습니다.

물론 좋은 어른들도 많았습니다. 특히 초등학교 4학년 담임 선생님께서는 저를 특별히 아껴 주셨습니다. 하루는 하교 지도를 마친 선생님께서 저를 다시 부르셨습니다. 그리고 텅 빈 교실로 다시 데리고 가셨습니다. 그렇게 저는 조용히 선생님과 마주 앉았습니다.

선생님은 미소를 지으시며 조용히 간식을 건네셨습니다. 그리고 서

랍에서 색종이 몇 장을 꺼내셨습니다. 검은색과 빨간색 그리고 흰색 종이였습니다. 선생님은 색종이를 이용해서 예수님의 복음을 들려주셨습니다. 차분하면서도 따뜻하게, 우리를 향한 예수님의 사랑을 전하셨습니다. 색종이에 복음이 새겨지니 '죄', '십자가', '구원'에 관해 더 쉽게 이해가 되었습니다.

사실 그것은 저에게 새로운 이야기가 아니었습니다. 하지만 선생님의 눈에 저는 복음이 필요한 아이, 예수님의 사랑이 필요한 아이였습니다. 그날의 보충 수업은 괜찮아 보였던 저를 어루만지신 하나님의 사랑이었습니다.

| 부러움 반 호기심 반 |

어릴 적 부모님을 따라 기도원에 자주 다녔습니다. 덕분에 3시간 이상 이어지던 기도가 힘들거나 어색하지 않았습니다. 물론 방석 위에서 잠이 들거나 또래들과 어울려 놀 때가 더 많긴 했지만요.

그러던 어느 날이었습니다. 뜨겁게 기도하는 누나의 모습이 제 눈에 들어왔습니다. 그것도 눈물을 흘리면서 말입니다. 저와는 세 살 차이밖에 나지 않는 누나가 어머니처럼 기도하는 그 모습에서 저는 적잖

게 충격을 받았습니다. 부러움인지 호기심인지는 알 수 없지만, 그런 누나에게 눈을 뗄 수가 없었습니다. 하나님께서는 생각지도 못했던 경험과 감정을 통해 제 안의 영적 갈망이 꿈틀거리게 하셨습니다.

| 기억 그리고 만남 |

중학교 2학년 때, 아버지는 저와 제 친구들 몇 명을 데리고 기도원에 가셨습니다. 따로 여름 수련회를 할 수 있는 상황이 아니었기 때문입니다. 사실 수련회를 크게 기대하지는 않았습니다. 그저 친구들과 어딘가를 가는 것 자체가 좋았지요.

기도원에 도착하자마자 집회에 참석했습니다. 얼마 후 통성 기도 시간이 되었고, 그곳의 많은 분들이 뜨겁게 기도하기 시작했습니다. 하지만 당시의 저는 기도가 나오지 않았습니다. 그런데 저도 모르게 이런 기도가 제 입에서 나왔습니다.

'하나님, 저도 울면서 기도를 해 보고 싶습니다.'

정말이지 뜬금없는 기도였습니다. 왜 그랬는지 모르겠습니다. 꼭 눈물을 흘려야만 기도를 잘하는 건 아닌데 말이지요. 어쩌면 하나님이 정말 계시는지가 궁금했던 것 같기도 합니다. 모태 신앙이었지만, 그래서 너무도 당연히 교회를 다녔지만, 당시 저의 신앙생활은 너무나 형식적이었습니다. 하나님을 만나고 싶었습니다. 인격적으로 그분을 알고 싶었습니다.

하지만 그때만 잠깐 기도했을 뿐, 그것을 위해 별다른 노력은 하지 않았습니다. 오히려 2박 3일 동안 저는 마음과 정성을 다해 친구들과 즐거운 시간을 보냈습니다. 잠들기 전에 요한계시록을 조금 읽기는 했지만, 그것이 전부였습니다. 매일 세 번씩 드리는 예배는 지루했고, 잠자리도 불편하기만 했습니다.

그렇게 시간이 지나 어느덧 마지막 집회 시간이 되었습니다. 긴 설교가 끝나고 마지막 기도 시간이 되었습니다. 저는 드디어 집에 갈 수 있다는 생각에 가방을 몸쪽으로 최대한 끌어당겼습니다. 끝나자마자 달려가서 차에 올라탈 계획이었습니다.

마지막 기도 시간, 늘 하던 대로 조용히 눈을 감았습니다. 그런데 얼마 지나지 않아 갑자기 강한 바람 소리가 파도처럼 밀려왔습니다. 그리고 환하고 뜨거운 불이 사방에서 저를 휘감기 시작했습니다. 눈을 뜰 수도 없을 정도로 강력한 빛이었습니다. 고개를 들 수도, 몸을 움직일 수도 없었습니다. 말 그대로, 그 힘에 완전히 압도되고 말았습니다.

도저히 감당할 수 없는 두려움이었습니다. 벌거벗은 것처럼 저의 죄가 모조리 드러나는 듯했습니다. 그 무엇도 감출 수가 없었습니다. 그저 무릎을 꿇고 이렇게 고백할 수밖에 없었습니다.

"주님, 저를 떠나소서. 저는 죄인입니다."

그런데 그때 주님의 음성이 제 마음에 또렷하게 닿았습니다.

"사랑한다, 아들아. 사랑한다."

정말이지 감당할 수 없는 말씀이었습니다. 추악하고 더러운 제 모습에 처음으로 철저하게 직면했던 그 순간, 영원히 죽을 수밖에 없는 죄인임을 깨달았던 그 자리에서, 사랑받을 자격이 조금도 없는 저에게 사랑을 들려주셨기 때문입니다.

그 뻔하고 흔한 메시지에, 막혀 있던 마음의 담이 무너져 내렸습니다. 비로소 은혜가 은혜로 여겨지게 되었습니다. 감은 두 눈 가득히 눈물이 들어찼습니다. 눈이 아플 정도로 가득찼습니다.

"툭… 투두둑…"

굵은 눈물이 바닥을 적셨습니다. 두려움은 사라지고 기쁨과 감사만 남았습니다. 죽을 죄인에게 주님께서 찾아오셨습니다. 사랑으로 품어 주셨습니다. 그렇게 저는 오래도록 울었습니다.

첫날의 뜬금없던 기도. 저는 완전히 잊고 있었는데, 하나님은 기억하셨습니다. 저는 아무런 노력도 하지 않았는데, 하나님은 일하고 계셨습니다. 그리고 '눈물의 기도'와는 비교할 수 없는 최고의 선물을 허락하셨습니다. 바로 하나님 자신이었습니다.

그렇게 그날, 저는 처음으로 예수님을 만났습니다. 그리고 세상에서 가장 귀한 것을 소유한 사람이 되었습니다.

| 집 청 소 |

주님께 무엇이든 드리고 싶었습니다. 예수님을 위해 무엇이든 하고 싶었습니다. 하지만 아무리 생각해도 제가 할 수 있는 것, 드릴 수 있는 것이 없었습니다. 정말이지 주님의 사랑은 그 무엇으로도 갚을 수가 없었습니다.

결국 저는 몸으로라도 때워야겠다고 생각했습니다. 그리고 예배당 청소를 시작했습니다. 시키는 사람도 없는데 매일 한 시간씩 강대상과 의자를 닦고, 바닥과 계단을 청소했습니다. 당시 예배당은 지하실에 있었는데, 계단이 상당히 높고 또 많았습니다. 하지만 조금도 힘들지 않았습니다. 오히려 그 시간이 너무나 좋았습니다. 청소하면서 찬송도 부르고 기도도 했습니다.

> "하나님, 나중에 제가 유명한 사람이 되더라도, 예배당 청소만큼은 직접 하겠습니다!"

따지고 보면 예배당이 아닌 집을 청소하는 것이나 마찬가지였습니다. 예배당이 곧 집이었으니까요. 당시 아버지는 예배당 한쪽에 가벽을 세우고 작은 방 하나를 만드셨습니다. 반대쪽 계단 아래의 작은 공간도 방으로 만들어 주셨습니다. 무릎으로 기어서 들어가야 겨우 누울 수 있는 한 평 남짓한 그곳이 청소년 시절 제가 생활하던 공간이었습니다.

만약 그때 예수님께서 저를 만나 주지 않으셨다면, 계단 아래 깊은 어둠이 저를 집어삼켰을지도 모르겠습니다. 물론 여느 10대들처럼 마음이 답답할 때도 많았지만, 예수님을 만난 뒤에는 예배당이 집이라는 사실이 오히려 감사하고 행복했습니다.

| 문 잠그고 뭐하니? |

말 그대로 하나님과 사랑에 빠졌습니다. 누가 시키지 않았음에도, 성경을 읽고 찬송을 부르면서 하나님을 예배했습니다. 특히 문을 잠그고 혼자 기도하는 것이 좋았습니다. 방해를 받고 싶지 않았고, 누군가가 그런 제 모습을 보는 것이 부끄러웠기 때문입니다.

이후 고등학생이 되어서는 독학으로 기타를 치기 시작했습니다. 한번 시작하면 찬양 모음집 첫 페이지부터 마지막 페이지까지 기타를 치면서 혼자 예배를 드렸습니다. 말 그대로 1인 기도회였습니다. 저

에게 있어서 하나님은 찬송할 수밖에 없는 분, 사랑할 수밖에 없는 그런 분이었습니다. 시간 가는 줄도 모르고, 다리에 감각이 없어질 정도로 기도했습니다. 끝나고 나면 저린 발을 주무르느라 끙끙 앓기도 했습니다.

하지만 지금 생각해 보면, 사춘기 아들을 둔 부모님의 입장에서는 조금 당황스러우셨을 것 같습니다. 문을 잠그고 도대체 혼자서 무엇을 하는지 궁금하기도 하셨겠지요.

"아들아, 뭐하니?"

문밖에서 조심스럽게 부르시는 부모님의 목소리에 저는 화들짝 놀라며 일어나곤 했습니다. 가끔은 민망스럽기도 했습니다. 그럼에도 하나님과 독대하는 그 시간이 너무나 좋았습니다.

| 무시하다 |

예수님을 만난 후 저는 그 어느 때보다 풍성한 은혜를 누렸습니다. 하지만 어려움도 있었습니다. 말씀을 읽을 때마다, 기도하려고 눈을 감을 때마다 수련회 중에 들었던 어떤 형의 욕이 귓가에 맴돌았습니

다. 그것이 들리지 않기를 정말 간절히 기도했습니다. 하지만 그럴수록 더 크게 들리는 것 같았습니다. 마음이 괴로웠습니다.

그러다 문득 제가 그것에 너무 집중하고 있다는 생각이 들었습니다. 그래서 그날부터는 전략을 바꾸기로 했습니다. 그리고 마치 사탄을 비웃기라도 하듯 이렇게 말했습니다.

"네가 이렇게까지 방해하는 것을 보니, 하나님이 나를 정말 사랑하긴 하시나보다!"

그리고 저는 그것을 철저하게 무시하기로 했습니다. 여전히 욕설이 들려왔지만, 신경 쓰지 않았습니다. 오히려 대수롭지 않은 듯 가볍게 웃어넘기며, 하나님의 말씀에만 집중했습니다.

그렇게 며칠이 지나자, 거짓말처럼 평안을 되찾았습니다. 더 이상 욕설이 들리거나 생각나지 않았습니다. 사탄이 요동치듯 훼방할 때, 때로는 그것을 무시하는 편이 더 낫다는 것을 그때 배웠습니다. 사탄이 아닌 하나님께 집중하는 것, 어둠에 주목하기보다는 빛을 향해 나아가는 것이 저에게는 훨씬 더 유익한 선택이었습니다.

| **복음이라는 장르의 음악** |

온전한 사랑은 만족을 줍니다. 저에게는 부모님의 사랑이 그랬습니다. 넉넉한 형편이 아니었음에도, 가족의 사랑으로 충분했습니다. 가난하다는 사실도 모르고 자랐습니다. 그 사랑을 통해 복음이 스며들었습니다. 제가 그분을 알기 전, 그분이 저를 먼저 아셨고, 제가 그분을 찾기 전, 그분이 먼저 저를 찾으셨습니다.

음악 하나만으로도 차창 밖 세상이 영화 속 한 장면으로 변합니다. 저에게는 하나님의 사랑이, 그리스도의 복음이 최고의 음악입니다. 하나님의 사랑을 맛볼 때, 세상 모든 게 아름다워 보이니까요. 사람들의 걸음걸이, 그 모든 손짓과 발짓도 소중하고 사랑스럽습니다. 운전하면서도, 길을 걸으면서도, 보이는 모든 이들을 축복하고 싶습니다.

찬양의 가사 그대로, 사랑이 오셨습니다. 영원히 죽을 수밖에 없는 저에게 완전한 그 사랑이 찾아오셨습니다. 그래서 오늘도 그 사랑을 갈망합니다. 더 사모합니다. 그 사랑을….

Prep 02

개척 교회
목사의 아들

02
개척 교회 목사의 아들

| 브라질 촌(?)에 세워진 교회 |

아버지는 제가 초등학교 2학년 때 가정에서 교회를 개척하셨습니다. 덕분에(?) 우리 가족은 허름한 재개발 지역으로 이사를 가게 되었지요. 사람들은 그 동네를 '브라질 촌'이라고 불렀습니다. 브라질의 한 난민촌을 닮아서 그런 것 같습니다. 아무튼 저는 그 이름이 너무 싫었습니다. 그런 동네에 산다는 것이 마냥 부끄러웠습니다.

새로 이사 간 집은 어린 저의 눈에도 너무나 볼품이 없었습니다. 화장실은 당연히 밖에 있었고, 그 앞에는 실지렁이가 꿈틀거리는 개천이 흐르고 있었습니다. 지금은 노원구민의 멋진 문화 공간인 당현천 일대가 당시에는 서울에서 가장 가난한 이들의 생활 터전이었습니다.

그렇게 아버지는 방 하나를 예배당으로 꾸미고 목회를 시작하셨습니다. 그때부터 저는 제 의지와 상관없이 개척 교회 목사의 아들이 되었습니다.

하나님의 돌보심

개척 초기에 아버지는 기도에 많은 시간을 쏟으셨습니다. 특히 산기도를 많이 다니셨습니다. 그것이 부르심에 대한 순종이자 동시에 가정을 지키는 일이라고 생각하셨습니다.

개척하시기 전에는 부모님 모두 경제 활동을 하셨습니다. 하지만 개척 이후에는 두 분 모두 목회에만 전념하셨습니다. 당시에는 '이중직' 또는 '일하는 목회자'라는 개념이 없었으니까요. 물론 가끔 어머니는 『벼룩시장』에서 구인 광고를 보기도 하셨습니다. 막막하셨겠지요. 그런데 그때마다 제가 어머니를 말렸다고 합니다. 우리가 가난을 알아야 성도들을 이해할 수 있지 않겠느냐면서요. 사실 저는 기억이 잘 나지 않는데, 어머니는 그런 철부지 어린아이의 말을 선지자의 음성으로 생각하셨다고 합니다.

어려웠던 만큼 하나님의 은혜도 넘쳤습니다. 무엇보다 하나님께서는 쌀이 떨어지지 않게 하셨습니다. 쌀통이 비면 누군가를 통해 어김없이 쌀을 채워 주셨습니다. 도움을 요청한 적도 없었는데, 신기할 정도로 그렇게 하셨습니다. 실제로 쌀 한 포대를 어깨에 짊어지고 불쑥 들어오셨던 한 목사님의 모습이 지금도 생생하게 기억납니다. 그렇게 하나님께서는 브라질 촌의 한 가난한 목회자를 먹이고 입히셨습니다.

| 적과의 동침 1 |

하지만 아버지의 기도로도 막지 못하는 것이 있었습니다. 특히 집 안 곳곳에서 출몰하던 쥐와의 전쟁이 그랬습니다. 당시 집 천장에는 죽은 쥐 때문에 생긴 얼룩이 여기저기 퍼져 있었습니다. 심지어 여름에는 천장에 난 작은 구멍에서 구더기가 떨어지기도 했습니다. 아버지께서 자주 집을 비우셨기 때문에, 그 모든 전쟁은 오롯이 어머니의 몫이었습니다.

"쉿―"

하루는 인기척에 눈을 떠 보니, 어머니가 이불과 베개로 방어벽(?)을 쌓고 계셨습니다. 그리고 누나와 저를 뒤에 남겨 둔 채 빗자루를 들고 싱크대 쪽으로 천천히 다가가셨습니다. 어린 저는 이불 너머로 눈만 빼꼼히 내밀었습니다. 그렇게 숨죽인 채 어머니를 지켜보았습니다.

"우당탕탕!"

어머니는 단 한 순간도 적과의 동침을 허락하지 않으셨습니다. 지금의 제 나이보다 더 젊으셨던 어머니였지만, 저에게는 그 어떤 성벽보다도 더 든든했습니다.

| 고작 옷 한 벌 때문에 |

아버지의 기도가 막지 못한 것이 하나 더 있었습니다. 그것은 다소 일찍 찾아온 저의 사춘기였습니다. 초등학교 3학년쯤 되었을 때, 저는 가난을 인지하기 시작했습니다. 모두가 다 비슷하게 사는 줄 알았는데, 오히려 대부분이 저와 다르다는 것을 알게 된 것입니다.

친구의 집에 처음 놀러 갔을 때의 충격(?)은 이루 말할 수 없을 정도였습니다. 친구는 브라질 촌 바로 옆 우뚝 솟은 15층짜리 아파트에서 살았습니다. 큼지막한 거실을 가득 채운 햇살과 친구 엄마의 상냥한 말투, 친구의 귀티 나는 뽀얀 얼굴까지도 마냥 부러웠습니다.

그날 이후 저는 아파트에서 사는 상상을 하다가 잠들곤 했습니다. 그러다 가끔은 "우리도 아파트로 이사 가자"라며 생떼를 부리기도 했습니다. 물론 어머니는 아무 말씀도 하지 않으셨습니다.

그러던 어느 날, 결국 일이 터지고 말았습니다. 어머니께서 꺼내 주신 옷이 마음에 들지 않았던 것입니다. 거울에 비친 제 모습이 그날따라 너무나 촌스럽고 싫었습니다. 그렇게 저는 고집을 부리다가 밖으로 뛰쳐나갔습니다. 그러고는 학교 근처를 이리저리 배회하다가 저녁이 다 되어서 집에 들어갔습니다. 부모님은 그런 저를 나무라지 않으셨습니다. 오히려 아무 일도 없었던 것처럼 대하셨습니다. 그날따라 집은 너무나 조용했습니다.

하지만 저는 오래도록 그날의 행동을 후회해야 했습니다. 할 수만 있다면 시간을 돌리고 싶다는 생각도 들었습니다. 왜냐하면 그날이 아버지의 목사 임직식이 있는 날이었기 때문입니다. 아버지의 목사 임직식 사진에는 아들인 제가 없습니다. 하필이면 그 중요한 날에, 겨우 옷 한 벌 때문에, 아들만 봐도 든든하다고 하셨던 부모님의 마음을 허전하게 만들었습니다.

분명 어머니는 옷장에서 가장 좋은 옷을 꺼내 주셨을 겁니다. 특별한 날, 사랑하는 아들에게 가장 어울릴 만한 옷으로 말입니다.

| 계단 아래에서 |

초등학교 5학년 때, 드디어 브라질 촌을 벗어났습니다. 하지만 여전히 집이라고 할 만한 것은 없었습니다. 잠시나마 햇빛이 잘 드는 옥탑방에서 살다가, 이후에는 그마저도 어려워서 줄곧 지하 예배당에서 살아야 했습니다. 집이 곧 예배당이었고, 예배당이 곧 집이었습니다. 아마 대부분의 개척 교회 목회자 자녀들이 그렇게 살았을 겁니다.

아버지는 계단 아래의 공간에 장판을 깔고 나름 그럴듯하게 꾸며 주셨습니다. 지금 생각해 보면, 그것도 그나마 지하실이기 때문에 가능했습니다. 그렇게 저는 초등학생이 무릎을 꿇어야 겨우 들어가 누울 수 있는 공간에서 지냈습니다. 가끔은 예배당의 장의자 두 개를 붙여 침대처럼 만들어서 자기도 했습니다. 계단 아래에 비하면 탁 트인 느낌이라서 좋았습니다. 하지만 새벽 예배 찬송 소리에 깰 때는 민망하고 부끄러웠습니다.

사춘기였던 누나와 제가 생활하기에는 분명 좋은 환경이 아니었습니다. 교회에 온 아이들이 누나와 저의 물건을 마음대로 만지는 것도 싫었습니다. 저에게 있어서 집은 한숨 돌리고 쉴 수 있는 그런 공간이 아니었습니다. 보통은 청소 도구나 쓰레기를 두는 계단 아래 지하실 공간, 한 줄기 빛도 들어오지 않던 그곳에서 그렇게 살아야 했습니다.

그러나 그곳에서도 주님은 사랑과 긍휼을 베푸셨습니다. 아버지와 어머니의 마음을 위로하셨고, 저와 누나를 끌어안으셨습니다. 정말이지 주님의 은혜가 아니고서는 설명할 수 없는 날들이 많았습니다.

| 강박 행동 |

저는 겉으로 보기에 활발하고 사교성이 있는 아이였습니다. 학교에서도 줄곧 반장을 했었고, 학교 대표로 축구 시합을 나가거나 오케스트라 활동도 했으니까요. 특히 대본을 직접 써서 콩트나 연극을 연출하는 걸 좋아했습니다. 안무를 연습해서 친구들과 무대에 오르기도 했고요. 정말이지 무엇이든 열심히 참여하는 학생이었습니다.

하지만 속은 그렇지 않았습니다. 자존감이 낮았습니다. 저의 감정도 잘 표현하지 못했습니다. 집에 갈 때는 이리저리 돌고 돌았습니다. 그 와중에도 큰길로 다니기보다는 작은 골목이나 주차된 자동차 사이로 다녔습니다. 친구들이 모여서 놀고 있을 때도, 저는 혼자서 배회했습니다. 돈이 없어서이기도 했지만, 친구들과 어울릴 자신이 없었습니다. 나중에 알게 된 사실이지만, 친구들은 제가 너무 눈이 높아서 자신들과 어울리지 않는다는 오해를 하고 있었습니다.

강박도 심했습니다. 어쩌다가 엄지손가락이 다른 손가락에 닿기라도 하면, 나머지 손가락도 전부 눌러 주어야만 마음이 편안해졌습니다. 하루 종일 속으로 숫자를 세었고, 물건의 오와 열을 맞추어 정리를 해야만 마음이 편해졌습니다.

물론 지금은 많이 자유로워졌습니다. 하지만 여전히 은행이나 주민센터에 가면, 저도 모르게 서류의 각을 잡곤 합니다. 아무도 눈치채지 못하게, 손가락 끝의 감각만 사용하여 무심한 듯 줄을 세워 놓습니다. 제가 봐도 대단한 기술입니다.

목회자의 아들로 살면서 가면을 많이 써야 했습니다. 숨기고 싶은 것도 많았고, 두려운 것도 많았습니다. 모범이 되어야 했고, 착한 아이가 되어야 했습니다. 제가 하는 모든 말과 행동이 교회와 연결되는 것 같았습니다. 지금 생각해 보면, 굳이 그럴 필요가 없었는데 말이죠.

| 괜찮아야 했던 아이 |

어머니와 아버지는 늘 자식에게 희생적인 사랑과 헌신을 보여 주셨습니다. 언제나 자식이 우선이었고, 자식을 위해서라면 무엇이든 하실 수 있는 분들이었습니다. 하지만 동시에 두 분은 목회자로서 한 영혼과 지역을 섬기셔야만 했습니다.

어느 날, 이웃집 아주머니가 난처한 표정으로 집에 찾아왔습니다.

"에고, 어떡하죠. 저희 아이가 찬양이 농구공을 가지고 놀다가 잃어 버렸어요."

사실 처음부터 저는 그 형에게 공을 빌려주기가 싫었습니다. 친구에게 힘들게 얻은 공이었고, 그 형의 성격을 알았기 때문입니다. 공을 잃어버렸다는 말에 너무 속상했습니다. 하지만 내색할 수 없었습니다.

"목사님 아들이니까 참아야지!"
"목사님 아들이니까 당연한 거 아니야?"

늘 이런 이야기를 들었습니다. 그래서인지 저는 아직 화를 낸다는 것이 무엇인지, 서운한 감정을 표현한다는 것이 무엇인지 잘 모르겠습니다. 오히려 상대방이 그런 저의 감정 때문에 마음이 불편할까 봐 먼저 손을 내밀 때가 더 많았습니다.

아끼던 장난감이 망가져도, 누나의 비싼 로션을 교회 아이들이 쏟아 놓아도 참아야 했습니다. 누구도 저에게 그것을 강요하지 않았습니다만, 이상하게도 늘 그것을 강요받으며 자랐습니다. 그렇게 저는 늘 괜찮아야만 했습니다. 반듯한 사람이어야 했고, 잘 참는 사람이어야 했습니다.

| 별식 |

하지만 목회자의 아들이라서 누리는 것도 많았습니다. 특히 예수님을 만난 후에는 더욱 그랬습니다. 하루는 금식 기도를 했습니다. 하루 동안 말씀을 읽고 기도하면서 하나님께 집중한다는 것이 참 좋았습니다.

그런데 한 집사님께서 저의 금식이 끝나는 시간에 맞춰 음식을 만들어 오셨습니다. 중학교 2학년짜리가 금식 기도를 한다는 소식을 들으시고 별식을 준비하신 것입니다. 처음 보는 비주얼의 음식이었습니다. 맛도 좋았습니다. 작은 아이를 존중하고 대접하는 집사님의 인격에서 예수님의 마음을 배웠습니다.

집사님은 이제 권사님이 되셨습니다. 그리고 지금도 제 곁에서 큰 힘이 되어 주고 계십니다. 여전히 변함없는 성품으로 작은 교회와 목회자를 존중하며 섬기고 계십니다. 가끔 권사님은 교회 성도들에게 "예수님 닮은 목사님을 만나서 행복해요"라고 고백하십니다. 하지만 그 반대입니다. 제가 아니라 권사님이 그런 분이십니다. 권사님의 겸손한 사랑과 섬김으로 오늘의 제가 있습니다. 권사님 안에 가득한 주님의 사랑이 저에게는 별식처럼 귀하고 소중합니다.

바위보다 크신 하나님

어느 날 어머니는 평소에 즐겨 가시던 기도 처소로 저를 데리고 가셨습니다. 과거 채석장에서 떼어 낸 돌들이 서로를 지탱하면서 생긴 공간이었는데, 인적도 드물어서 기도하기에 좋은 곳이었습니다. 그렇지 않아도 마음이 답답했던 저는 어머니와 함께 산에 올랐습니다.

몸을 굽히고서 들어가 보니 내부는 꽤 넓었습니다. 서늘한 공기도 마음에 들었습니다. 그런데 얼마 지나지 않아, 저를 둘러싸고 있던 거대한 돌들이 눈에 들어오기 시작했습니다. 바위틈 작은 돌멩이 하나만 떨어져도 모든 돌이 와르르 무너질 것 같았습니다. 그 크기와 무게감에 완전히 압도되었습니다. 그 앞에서 저는 너무나 작은 존재였습니다. 도무지 기도가 나오지 않았습니다. 그저 당장이라도 뛰쳐나가고 싶었습니다. 그런데 그때, 이사야의 말씀이 떠올랐습니다.

> 보라 그에게는 열방이 통의 한 방울 물과 같고 저울의 작은 티끌 같으며 섬들은 떠오르는 먼지 같으리니 _사 40:15

'그래. 하나님은 이 바위보다 훨씬 더 크신 분이지!'

말씀을 묵상하니 마음이 평온했습니다. 그렇게 조용히 하나님을 생각했습니다. 크신 하나님 안에서 저를 둘러싼 돌들은 아무런 문제도 되지 않았습니다. 오히려 그것이 너무나 작게 느껴졌습니다. 주님 안에서 두려움과 불안은 아무것도 아닌 것이 되었습니다.

목회자의 아들로 산다는 것이 쉽지 않았습니다. 사람도, 환경도 모두 저를 옥죄는 것 같았습니다. 그때마다 저는 예배당으로 달려갔습니다. 달려가서 울며 기도했습니다.

감사하게도 그 모든 순간에 하나님께서는 저를 혼자 두지 않으셨습니다. 예배당으로 부르셨고, 바위 밑으로 부르셨습니다. 그리고 그곳에서 저를 만나 주셨습니다. 그리고 하나님이 어떤 분이신지를 가르쳐 주셨습니다. 눈앞의 상황을 이해하는 것보다 하나님이 어떤 분이신지를 깨닫는 것이 저에게는 더 큰 힘이었습니다.

| 넉넉함 |

아버지는 늘 절약하시는 분이었습니다. 돈 한 푼도 허투루 쓰시는 법이 없었는데, 특히 자신에게 더욱 그러하셨습니다. 운전하실 때도 에어컨이나 히터를 잘 켜지 않으셨습니다. 어린 저는 그저 에어컨이 고장 난 줄로만 알았습니다. 한여름에도 창문을 닫고 시원하게 달리

는 차들이 마냥 부러웠습니다.

그러던 어느 날, 아버지는 창문을 닫고 에어컨을 키셨습니다. 심지어 휴게소에서 시원한 음료수도 두 개 사서 저에게 건네셨습니다. 그날 여비가 넉넉하셨던 것입니다. 아버지가 넉넉해 보여서 참 좋았습니다.

그렇게 가난했음에도 아버지는 이웃들에게 넉넉한 목회자로 살아내셨습니다. 특히 시장 상인 분들과 택시 기사님들께 그렇게 하셨습니다. 무엇보다 아버지는 거스름돈을 잘 받지 않으셨습니다. 그래봤자 몇백 원이지만, 그때마다 기사님들은 함박웃음을 지으셨습니다. 돈으로 살 수 없는 기쁨이었습니다. 저는 그런 아버지의 모습에서 신앙의 품격을 느꼈습니다.

| '찬양'이 싫었던 날들 |

초등학교 2학년 때, 출석하던 교회 선생님께 칭찬을 들었습니다. 어른들이 부르던 찬송가를 열심히 따라 부르는 아이의 모습이 기특하셨나 봅니다.

> "이름이 찬양이라서 그런지, 찬양을 참 잘 부르네!"

선생님의 칭찬에 기분이 좋았습니다. 저도 모르게 더 열심히 찬양을 불렀습니다. 무엇보다 제 이름이 너무나 마음에 들었습니다.

하지만 모두가 제 이름을 좋아했던 건 아니었습니다. 기독교를 싫어하던 한 선생님은 기회가 있을 때마다 제 이름을 가지고 비아냥거리셨습니다. 심지어 이름 때문에 마음에 안 든다는 말씀도 하셨습니다. 자존감이 약했던 저는 그 책임을 오롯이 저 자신에게 돌렸습니다. 교회와 기독교가 미움을 받을수록 저는 더 위축되었습니다. 그렇게 점점 '찬양'이 싫어지기 시작했습니다.

20대 초반이었습니다. 하루는 온라인 쇼핑몰에서 주문한 물건이 분실되었습니다. 그런데 판매자는 연락이 되지 않았고, 문의 글을 남겨도 아무런 응답이 없었습니다. 당시에는 온라인 쇼핑이 활성화된 지 얼마 안 되었을 때라, 이런 일들이 간혹 있었습니다.

결국 상담원에게 전화를 걸었습니다. 그리고 판매자에 대한 문제를 제기했습니다. 상담원은 제 이야기를 다 듣더니 이렇게 말했습니다.

"네, 고객님. 불편하셨겠어요. 그런데 실례지만 고객님 성함이 어떻게 되실까요? 저희가 확인 후 처리해 드리겠습니다."

순간 당황했습니다. 제 이름을 물어보리라고는 상상하지 못했으니까요.

"네. 민찬양입니다."
"네?"
"민, 차안, 야앙입니다."
"민찬영이요, 고객님?"
"찬양이요. '찬양하라' 할 때 그 찬양입니다."

그때부터 마음이 복잡해졌습니다. 불편함을 표현하는 과정에서 실수는 없었는지, 하나님의 영광을 가리지는 않았는지 돌아보게 되었습니다. 다행히 크게 실수한 것은 없었지만, 그럼에도 여전히 마음 한구석이 찜찜했습니다.

| 개 명 |

결혼 후, 아내와 함께 혼인 신고를 하러 갔습니다. 나름 커플 티도 입

고, 설레는 마음으로 구청을 향했지요. 그런데 이상하게도 제 이름이 조회되지 않았습니다. 30년 가까이 대한민국 국민으로 살아왔는데 '민찬양'이라는 존재가 없다는 것이었습니다. 기분이 묘했습니다. 영화나 드라마에서나 볼법한 일이었으니까요.

알고 보니, 출생 신고를 할 당시 담당 공무원께서 저의 이름을 잘못 등록하셨다고 합니다. 그래서 주민등록상으로는 '민찬양'인데, 나라에서 인정하는 정식 이름(?)은 '민찬석'으로 되어 있었습니다. 그러니 조회가 되지 않을 수밖에요.

해결하는 방법은 두 가지였습니다. 하나는 지금부터라도 '민찬석'이라는 이름으로 사는 것이었습니다. 이 경우에는 절차가 매우 단순했습니다. 주민등록상의 이름만 변경하면 되었기 때문입니다. 다른 하나는 '민찬양'이라는 이름으로 개명(?)을 신청하는 것이었습니다. 원래의 이름으로 개명한다는 것도 우스운 일이었지만, 당시에는 그 절차가 상당히 까다로웠습니다.

잠시 고민이 되었습니다. '지금부터라도 다른 이름으로 살아 볼까?' 하는 생각도 들었습니다. 부모님은 그저 웃으실 뿐이었고, 아내는 제가 결정하는 대로 따르겠다고 했습니다.

며칠을 고민한 끝에 서류를 준비하여 법원으로 향했습니다. '민찬양'으로 개명하기 위해서였습니다. 때로는 부담스러운 이름이었습니다. 하지만 가장 저다운 이름이었습니다. 법원에서는 사유의 정당성을 인정하고, 개명을 허락했습니다. 법원을 나오면서 속으로 생각했습니다.

'그래, 뭐니 뭐니 해도 역시 찬양이 최고지.'

| 무명한 자 같으나 유명한 자(?) |

사실 따지고 보면 이름 덕도 많이 보았습니다. 이름 덕분에 삶의 방향을 점검할 수 있었습니다. 이름 덕분에 말과 행동을 조금이나마 더 삼갈 수 있었습니다. 이름 덕분에 상대방을 배려하고 존중하는 태도를 더 훈련할 수 있었습니다. 부담스러운 이름이었지만, 그 이름이 저를 살게 했습니다.

무엇보다 이름 덕분에 유명(?)해지기도 했습니다. 한 번만 들어도 귀에 꽂히는 이름이었기 때문입니다. 대학교에 입학해서 친구들과 캠퍼스를 거닐고 있는데, 한 선배가 달려와 웃으며 말했습니다.

"이름이 정말 '찬양' 맞아요?"

당황스러웠습니다. 솔직히 당시에는 '뭐 저런 사람이 다 있지?' 싶었습니다. 그 선배는 지금 제가 속한 선교회의 총무로 섬기고 계십니다. 누구보다 사랑이 많고 순수한 목사님이시죠. 알고 보니 제 이름을 놀린 게 아니라, 이름이 너무 귀하고 신기해서 물어보았다고 합니다. 어쨌든 이름 덕분에 저는 대학 시절 내내 무명한 자 같으나 유명한 자로 살았습니다.

| 이름을 뭐라고 지을까? |

첫째가 태어나기 전에 아내가 물었습니다. 저는 아내와 함께 아이에게 지어 줄 이름을 고민하며 기도했습니다. 그때 저는 딱 한 가지만 아내에게 부탁했습니다.

"아이에게 너무 부담되는 이름으로는 짓지 말자!"

어렸을 때부터 신앙적인 부담을 느끼지 않으면 좋겠다고 생각했습니다. 저처럼 가면을 쓰지 않으면 좋겠다고 생각했습니다. 아이답게, 사춘기 청소년답게 자라기를 바랐습니다. 실수하고 실패하면서 배우기를 바랐습니다. 목회자의 자녀로서가 아닌, 한 영혼으로서 구원자이신 예수님을 만나기 원했지요.

사연 없는 사람은 없을 겁니다. 누구에게나 아픔이 있고 상처가 있지요. 가난한 목회자의 자녀로 산다는 것도 결코 쉬운 일은 아니었습니다. 하지만 지나고 보니 그 모든 것이 하나님의 은혜였습니다. 부모님께 목양의 마음을 배웠습니다. 겸손과 절제, 인내를 배웠습니다. 무엇보다 지금도 여전히 두 분의 기도와 사랑으로 든든하게 살아가고 있습니다.

Prep 03
신학도의 꿈

03
신학도의 꿈

| 영 화 감 독 |

어렸을 때부터 영화를 좋아했습니다. 기회가 있을 때마다 친구들과 비디오를 빌려서 보곤 했지요. 가끔은 영화 포스터를 구경하려고 극장에 들락거리기도 했습니다. 극장에서 처음으로 봤던 영화는 강제규 감독의 「쉬리」였는데, 한국형 블록버스터라는 장르에 가슴이 뛰었습니다. 그렇게 저는 영화감독이라는 꿈을 키워 갔습니다.

초등학생 때부터 대본 쓰는 것을 좋아했습니다. 직접 쓴 대본으로 콩트나 연극을 연출하고, 무대에서 직접 연기를 하기도 했습니다. 중학생이 되어서는 집에 있는 전축이나 비디오로 좋아하는 음악이나 뮤직비디오를 편집해서 소장하기도 했습니다. 당시에는 그것들이 저만의 보물 1호였습니다.

고등학생이 되어서는 동아리에 가입하여 영화 연출과 제작 활동을 했습니다. 선배들과 함께 영화를 만드는 모든 과정이 너무나 재미있었습니다. 때로는 산 중턱에서 촬영하던 중 갑작스러운 폭우로 아찔한 상황을 경험하기도 하고, 버스 한 대를 빌려서 드라이아이스로 화재 상황을 연출하기도 했습니다.

당시에는 8mm 캠코더로 촬영했는데, 촬영된 영상을 컴퓨터로 옮겨서 편집하는 것에도 상당한 시간이 필요했습니다. 작업 도중 컴퓨터가 과열되어 멈추는 일도 종종 있었지요. 하지만 꿈이 있었기에 별로 수고스럽지 않았습니다. 신입이었던 제 눈에, 선배들의 열정이 너무 멋있어 보였습니다. 그렇게 제작된 단편 영화는 청소년 국제 영화제에도 출품되어 강변 테크노마트의 한 극장에서 상영되기도 했습니다.

아버지도 제 꿈을 응원해 주셨습니다. 그리고 당시 최신 기종인 6mm 캠코더를 선물로 사 주셨습니다. 지금의 기준으로도 상당히 비싼 가격의 카메라였습니다. 그때부터 저는 카메라를 들고 비가 오나 눈이 오나 이곳저곳을 누비며 촬영했습니다. 그렇게 2년 후 저는 동아리의 회장이 되었습니다. 그리고 후배들과 함께 무성 영화의 콘셉트로 인간 내면의 갈등을 담은 단편 영화를 제작했습니다.

하지만 예상치도 못했던 일들 때문에 진로를 고민하게 되었습니다. 술과 담배를 강요하는 문화에 계속 부딪혔던 것입니다. 연극이나 영화 쪽 동아리에서는 여전히 그런 문화가 남아 있었습니다. 고등학생 사이에서도 그것을 미덕처럼 여기는 분위기가 있었지요.

지금이라면 조금 달랐겠지만, 당시의 저로서는 그것이 큰 장벽처럼 느껴졌습니다. 마음이 늘 불편했습니다. 그러다 보니 점점 모임으로부터 멀어지게 되었습니다. 결국 영화감독에 대한 꿈도 내려놓고 말았지요. 생각해 보면 누구의 잘못도 아니었습니다. 그저 제 길이 아니었을 뿐이지요.

그렇게 영화감독에 대한 꿈은 추억으로만 남겨 두게 되었습니다. 하지만 당시의 경험이나 시간은 지금도 저에게 소중한 자산입니다. 특히 코로나 팬데믹 때, 영상에 대한 이해와 경험으로부터 큰 도움을 받았습니다. 정말이지 하나님께서는 무엇 하나 버리지 않으시고 사용하십니다.

| 원 서 접 수 |

아버지의 권유로 목회자의 길에 마음을 열기 시작했습니다. 그래서 기도했습니다. 하나님께서 기뻐하시는 일인지, 하나님께서 원하시는 일인지를 알고 싶었기 때문입니다. 하지만 하나님의 특별한 응답이나 부르심은 없었습니다. 신비한 영적 체험은 더더욱 없었습니다. 그럼에도 이상할 정도로 마음이 움직였습니다. 하나님께서 인도하시는 것 같았습니다.

그렇게 원서 접수일이 다가왔습니다. 그런데 한 가지 문제가 있었습니다. 해당 교단에 속한 교회에 출석해야만 원서를 낼 수 있다는 사실을 알게 된 것입니다. 다른 방법이 없는지 학교 측에 문의했습니다.

"해당 교회에 가서, 출석 확인서 하나 써 달라고 부탁하시면 됩니다."

"그 교회에 출석하지 않는데요?"
"네. 보통은 다들 그렇게 하세요."

저는 충격을 받았습니다. 아무렇지도 않게 거짓 확인서를 권하는 답변에 제 귀를 의심할 수밖에 없었습니다. 전화를 끊자마자 마음을 정했습니다.

'하나님, 거짓말을 해서 신학교에 가고 싶지는 않습니다.'

그러다 노원구에 한국성서대학교가 있다는 사실을 알았습니다. 집에서도 가까웠고 교단 소속 확인서도 필요 없었습니다. 일단 학교에 찾아갔습니다. 캠퍼스는 아담했고, 건물은 오래된 것처럼 보였습니다.

하지만 학교에 들어서자마자 이상하게 마음이 편했습니다. 봉사하는 학생들에게서 예수님의 향기가 느껴졌습니다. 마치 하나님의 품에 안긴 것처럼, 교회에 온 것처럼 따뜻했습니다. 그렇게 저는 마음을 정하고 한국성서대학교에 원서를 넣었습니다. 다른 학교에는 원서를 넣지 않았습니다. 그저 한국성서대학교에 입학하고 싶었습니다. 그날 꿈속에서 한국성서대학교 강의실에서 설교하는 제 모습을 보았습니다. 설레는 마음이 꿈으로 나타났던 것 같습니다.

| 하나님을 배우다 |

그렇게 저는 한국성서대학교 성서학과에 지원했습니다. 그리고 합격자 발표일만을 기다렸습니다. 하나님의 뜻이라면 합격할 거라고 믿었습니다. 합격자 발표를 앞두고 저는 슬그머니 화장실에 들어갔습니다. 저 대신 가족들이 합격 여부를 확인했습니다.

"합격이네!"

문밖에서 가족들의 목소리가 들렸습니다. 저도 모르게 입꼬리가 올라갔습니다. 애써 태연한 척했지만, 하나님께 감사했습니다. 명문대는 아니지만, 너무나 바라고 원했던 학교였으니까요. 무엇보다 다른 곳에는 원서를 넣지도 않았으니까요.

그렇게 저는 성서학과 학생이 되었습니다. 그 어느 때보다 공부가 재미있었습니다. 하나님에 관한 지식을 공부한다는 것이 당시 저로서는 너무나 큰 행복이었습니다. 도서관 문이 닫힐 때까지 공부했습니다. 문이 닫힌 후에는 건물 옥상에 있던 작은 열람실에 들어가 새벽까지 더 공부한 후 집에 들어갔습니다. 가끔은 샤워실에서 씻고 들어갈 때도 있었습니다. 그야말로 가성비 좋은 학생의 삶이었습니다. 졸업하면 학교에 후원금을 많이 내야겠다는 생각이 들 정도였습니다.

방학 중에는 예배당에서 공부했습니다. 집이 따로 없었기 때문에 교회 전체가 저의 공부방이었습니다. 여름에는 장의자에 앉아서 칼뱅의 『기독교 강요』를 정독했습니다. 겨울에는 시가서 관련 서적들을 읽으며 시편의 낭만에 빠졌습니다. 너무 추워서 손끝이 시렸습니다. 하지만 꽁꽁 언 손가락으로 페이지를 넘기는 것이 나름 낭만적으로 느껴졌습니다.

어느 금요일 밤이었습니다. 밤하늘을 올려다보며 감사했습니다. 저 같은 사람이 이렇게 귀한 학교에서 하나님에 대해 배우고 있다는 사실이 그저 신기했습니다. 제가 신학생이 된 것은 남들보다 더 뛰어나거나 거룩해서가 아니었습니다. 누구보다 악한 죄인이기에, 주님께서 저에게 긍휼을 베푸셨고 그곳에서 하나님에 관한 학문을 공부하게 하신 것이었습니다. 유난히 밝았던 달빛 아래에서, 그렇게 저는 감사의 기도를 드렸습니다.

물론 신학생이 되었다고 해서, 제 삶이 180도 바뀐 것은 아니었습니다. 여전히 제 안에는 연약하고 부끄러운 것들이 많았습니다. 열정적이었지만 지혜가 부족했습니다. 때로는 무엇이라도 된 것처럼, 교만하게 행동할 때도 있었습니다. 그럼에도 주님은 저를 포기하지 않으셨습니다. 오래 참으시며 저를 단련시키셨습니다.

| 사랑도 고민도 필요했던 날들 |

학교에 처음 방문했을 때부터, 저는 학교가 좋았습니다. 설립 이념인 밀알 정신이 좋았고, 성서의 가치를 중요하게 여기는 학교의 신학도 좋았습니다. 일주일에 다섯 번 드리는 채플, 노동을 강조했던 설립자의 철학이 담긴 밀알 훈련도 마음에 닿았습니다.

언제부터인가 학교 홈페이지 게시판에 학교나 교수님, 직원 선생님들에 대한 응원 글을 남기기 시작했습니다. 이유는 모르겠습니다. 그냥 그렇게 하고 싶었습니다. 물론 익명 게시판을 통해서만 글을 올렸습니다. 은밀하게 하고 싶었습니다. 그저 감사의 마음을 표현하고 싶었고, 작은 힘이라도 보태고 싶었습니다.

하지만 학생으로서 건의해야 할 일들에 대해서는 제 이름을 남겼습니다. 그것이 책임감 있는 행동이라고 생각했습니다. 하루는 학회의 정식 대자보가 시설팀에 의해 강제로 훼손되는 일이 있었습니다. 당시 학회장이었던 저는 항의의 뜻을 밝히기 위해 총장실 문을 두드렸습니다. 물론 총장님은 뵙지 못했지만, 덕분에 재발 방지에 대한 약속을 받을 수 있었습니다. 옳지 않은 것을 바로잡는 것 또한 학교를 사랑하는 방법이라고 생각했습니다. 하지만 이런 모습 때문에, 저를 '꼴통'이라고 부르는 교직원들도 있었습니다.

그럼에도 저를 사랑으로 지도해 주신 교수님들이 계셨습니다. 교수님들은 "결국 성서에 소망이 있다"라고 힘주어 말씀하셨습니다. 강단에 서신 교수님들을 뵐 때마다 심장이 뛰었습니다. 저도 제 자리에서 학생들을 가르치는 사람이 되고 싶었습니다.

하지만 교수님들도 때로는 지쳐 보였습니다. 외로워 보였습니다. 그래서 가끔 피자 한 조각이라도 생기면 연구실로 들고 갔습니다. 제가 도와드릴 수 있는 일이 있으면 언제든 달려갔습니다. 잘 보이려고 한 것이 아니었습니다. 그저 순수한 마음으로 모시고 싶었습니다.

선배들을 통해서도 많은 것을 배웠습니다. 하루는 대화 중 한 선배가 조용히 저를 불러냈습니다. 그러고는 자판기에서 음료수 하나를 건네며 자상한 목소리로 조심스럽게 저의 실수를 타이르셨습니다. 사람들이 있는 자리에서 망신을 주실 수도 있었는데, 조용한 곳에서 그렇게 하셨습니다. 사랑은 그토록 지혜롭고 사려 깊은 것이었습니다.

하루는 식권이 없어서 굶고 있는데, 한 선배가 다가와 식권을 건네주셨습니다. 저는 손사래를 쳤습니다. 하지만 선배는 웃으면서 제 주머니에 식권을 넣었습니다.

> "선배님, 다음에는 제가 사 드릴게요."
> "아니야. 너는 나중에 네 후배에게 사 줘."

그날 이후로 저는 기회가 될 때마다 후배들에게 식권을 쥐여 주었습니다. 넉넉해서가 아니었습니다. 먼저 받았기 때문이었습니다. 이것이 학교의 전통이 되면 좋겠다고 생각했습니다.

한편으로는 내적 갈등과 고민도 많았습니다. 하루는 이메일로 과제를 제출하기 위해 컴퓨터 앞에 앉아 있는데, 한 사회복지학과 선배님이 제게 다가와서는 조용히 속삭였습니다.

> "너는 어떻게 생각해? 대학이랑 대학원 졸업하고서 유학만 다녀오면 좋은 목사가 될 수 있을까? 성도의 삶을 정말 제대로 이해할 수 있을까?"

엉뚱하기로 소문난 선배였습니다. 그런데 이상하게도 그 선배가 하는 말들은 제 안에 오래도록 남았습니다. 결국 저는 대학원을 다니면서 처음으로 휴학이라는 걸 했습니다. 그리고 물류 센터 등에서 이런저런 아르바이트를 했습니다. 선배가 말했던 '성도의 삶'이 무엇인지 알고 싶었습니다. 조금이나마 나은 목회자가 되고 싶었습니다.

물류 창고에서도 공부는 쉬고 싶지가 않았습니다. 그래서 처음 며칠 동안은 책을 들고 다녔습니다. 하지만 아르바이트를 시작하고서 한 달이 지날 즈음에는 더 이상 책이 눈에 들어오지 않았습니다. 그저 기회가 생길 때마다 잠을 잤습니다. 한기 가득한 로커룸(탈의실)에서 직원 점퍼를 얼굴까지 덮고 웅크린 채 잠들곤 했습니다. 공부만 할

때는 불면증이 심했는데, 그때는 머리 댈 곳만 있으면 그렇게 잠을 잘 잤습니다.

| 빚 진 자 |

학부 2학년 때, 휴학을 해야 하는 상황에 놓인 적이 있었습니다. 이전 학기에서 성적 장학금을 받게 되었지만, 전액 장학이 아니었기 때문에 나머지를 마련하기가 어려워 휴학을 할 수밖에 없었습니다. 한 번도 생각하지 못했던 상황이었습니다. 교학처와 등록금 납부 문제로 상담 아닌 상담을 했습니다. 자존심이 상하는 순간이었습니다. 오랜 고민 끝에 결국 휴학을 하기로 마음을 먹었습니다.

그런데 그 소식을 듣고서 한 동기 형이 무심한 듯 봉투를 내밀었습니다. 저와 같이 공부하면서 교회와 목회에 관한 고민을 진지하게 나누던 형이었습니다. 놀랍게도 봉투 안에는 20만 원이 들어 있었습니다. 학비를 해결할 정도는 아니었지만, 당시로서는 큰 금액이었습니다.

"큰 도움은 아니겠지만, 꼭 받아 줬으면 좋겠다."

저는 아무 말도 할 수 없었습니다. 울컥하는 마음만 꾹 눌러 담았습니다. 교회의 한 집사님 부부도 저에게 학비를 일부 지원해 주셨습니다. 평소에는 무뚝뚝해 보였지만, 누구보다 정이 많은 분들이었습니다. 최근에는 거동이 불편하셔서 온라인으로만 예배를 드리시다가, 한 분은 얼마 전 소천하셨습니다.

그럼에도 여전히 학비를 마련하기에는 부족했습니다. 그렇게 등록 마감일이 점점 더 다가왔습니다. 그러던 어느 날, 당시 저를 지도해 주시던 한 교수님께서 먼저 연락을 주셨습니다.

"지금 내 연구실로 올 수 있니?"

연구실에 들어갔을 때, 교수님은 한 장로님과 통화를 하고 계셨습니다.

"네. 주목하고 있는 학생입니다. 감사합니다, 장로님."

그렇게 전화를 끊으시고는 말씀하셨습니다.

"한 장로님께서 네 학비를 후원해 주기로 하셨다. 부족한 부분 마련해 주실 거야."

그렇게 저는 놀랍게도 휴학을 면할 수 있었습니다. 하나님의 채우심이 그저 신기할 따름이었습니다. 저는 더욱 열심히 공부했습니다. 성적 장학금에 대한 간절함도 있었지만, 주신 은혜에 감사했기 때문입니다. 두 번째 받은 기회를 허투루 쓰고 싶지 않았습니다. 감사하게도 하나님의 은혜로 여러 차례 장학금을 받으며, 무사히 졸업할 수 있었습니다.

당시에도 '학자금 대출'이라는 제도가 있었지만, 다행히(?) 저에게는 정보가 없었습니다. 덕분에 빚 없이 공부했습니다. 정말 열심히 공부했습니다. 장학금을 받아야만 학교를 졸업할 수 있었기 때문입니다. 하지만 저는 누구보다 많은 빚을 지고 공부했습니다. 그것은 사랑의 빚이었습니다. 평생 갚아야 하는 이유입니다. 평생 사랑해야 하는 이유입니다.

| 총학, 학회 그리고 동아리 |

새벽부터 새벽까지, 정말 열심히 공부했습니다. 하지만 공부만 했던 건 아니었습니다. 하나님께서는 학교 안에서 저에게 필요한 훈련의 기회들을 끊임없이 허락하셨습니다. 작은 교회만 다녔던 저에게 그것은 너무나 소중한 경험이었습니다.

1학년 2학기 어느 날, 총학생회 사무국장 선배님이 저를 찾아오셨습니다. 같이 총학 일을 해 보지 않겠느냐고 제안하셨죠. 그렇게 저는 처음으로 총학생회 활동을 하게 되었습니다. 당시로서는 1학년에게 사무차장을 맡기는 것 자체가 매우 이례적인 일이었습니다. 그렇게 그해 종교개혁 기념일에는 제1회 '크리스천 데이'를 섬길 수 있었습니다. 지금도 학교에서는 매년 종교개혁 기념일을 기념하여 '크리스천 데이'를 지키고 있습니다. 선배들이 세운 좋은 전통을 지키고 발전시키는 후배들의 모습에 고마운 마음입니다.

그렇게 몇 해 동안 총학생회 활동을 하며 많은 것을 배웠습니다. 단순히 사업을 기획하고 추진하는 것뿐 아니라 여러 이해관계 속에서 문제를 풀어 나가는 지혜를 배웠습니다. 며칠 밤을 새워 가며 봉사했던 경험은 여전히 즐거운 추억으로 남아 있습니다.

특별히 4학년 때는 학회장으로 선출되었습니다. 믿고 맡겨 주신 것이 감사하기도 했지만, 부담감도 적지 않았습니다. 게다가 처음 학회실에 들어섰을 때는 놀라지 않을 수가 없었습니다. 학회실이 쓰레기장처럼 방치되어 있었을 뿐 아니라, 인수인계를 위한 어떠한 자료나 기록물도 존재하지 않았던 것입니다. 마음이 아팠습니다. 제가 사랑하는 전공에 대한 애정과 자부심이 그곳에서는 조금도 느껴지지 않았습니다.

먼저 학회실을 청소했습니다. 몇 년간 쌓여 있던 쓰레기와 먼지를 치웠습니다. 당시 선교학회장과 함께 배치도 새롭게 했습니다. 이어서 필요하다고 생각하는 자료를 만들기 시작했습니다. 회의록을 비롯하여 모든 문서를 작성하고 보관하도록 했습니다. 최소한 인수인계는 할 수 있는 성서학회를 만들어야겠다고 생각했기 때문입니다.

이후 과 대표들과도 소통하기 시작했습니다. 무엇보다 과 대표들의 처우를 개선할 수 있도록 예산을 세웠습니다. 열정 페이로 헌신을 강요하는 시스템에서 벗어나고 싶었습니다. 그러자 학회의 모임과 행사가 더욱 활발하게 진행되기 시작했습니다. 정말이지 당시에는 총학생회에 버금갈 정도의 동원력을 당시 학회 임원과 학과 대표들이 보여 주었습니다.

하지만 안타깝게도 거기까지였습니다. 1년이 지난 후, 졸업을 앞두고 열린 총회에서는 서로 등 떠밀 듯 학회장을 추천하고 있었습니다. 어떻게 보면 당연한 일이었습니다. 당시에는 3학년 때부터 타 대학원 시험을 준비하는 분위기였습니다. 학회에 대한 애정이나 헌신의 마음을 갖기가 쉽지 않았습니다. 인계 자료는 남겨 두었는데, 일할 사람이 없었습니다.

동아리 활동도 저에게는 소중한 경험이었습니다. 1학년 2학기 때 '에스라'라는 동아리를 만들었습니다. 처음에는 성경 본문을 연구하는 모임이었습니다. 그러다 본문을 사진이나 영상 콘텐츠로 제작하기 시작했고, 나중에는 더 다양한 형태의 사역으로 확장해 나갔습니다. 덕분에 신입생들에게는 큰 관심을 얻을 수 있었고, 시작하자마자 큰 규모의 동아리로 성장했습니다.

여름에는 무전여행 콘셉트로 국토 순례를 했습니다. 조개구이를 팔면서 마련한 경비를 가지고서 충청도와 제주도 등을 순례했습니다. 물론 단순히 걷기만 한 것은 아니었습니다. 노방 전도와 찬양 버스킹 그리고 플로깅(plogging)[1]을 하면서 지역 사회에 복음을 전했습니다. 제주의 한 시골 마을에서 농사일을 마치고 먹었던 토마토와 참외 맛은 지금도 잊을 수가 없습니다. 순례팀을 보시고서 아이스크림 한 박스를 통째로 주신 사장님의 환한 미소가 지금도 생생합니다.

특별히 저는 과거의 경험을 살려서 촬영까지 담당했습니다. 쉽지 않

---

1 스웨덴어에서 '줍다'를 뜻하는 'plocka upp'과 영어 'jogging'의 합성어로, 달리기를 하면서 주변에 떨어진 쓰레기를 줍는 행위를 뜻한다. '줍깅'이라고 불리기도 한다.

은 일정이었습니다. 위험한 순간들도 있었습니다. 하지만 서로 밀어주고 끌어 주며 끝까지 완주했습니다.

그렇게 저는 사역을 기획하고 추진하는 힘을 길렀습니다. 함께하는 동역자에 대한 소중함도 깨달았습니다. 결국 모든 것은 관계였습니다. 권위주의와 시스템을 초월하는 힘이 사랑과 진리 위에 세워진 관계 안에 있음을 배웠습니다. 며칠 밤을 새워도 피곤하지 않았습니다. 그저 모든 게 즐겁고 설레는 시간의 연속이었습니다.

하지만 가끔은 오해와 미움을 받기도 했습니다. 의도치 않게 시기의 대상이 되기도 했습니다. 심지어 저에 대한 욕설을 복도 게시판에 남긴 사람도 있었습니다. 그걸 본 후배들이 저보다 더 화를 냈습니다. 그리고 제가 보지 못하도록 아세톤으로 지워 주었습니다. 사실 저는 크게 상처를 받지 않았습니다. 오히려 더 지혜롭게 행동해야겠다고 다짐하는 계기가 되었습니다.

한번은 제가 잠시 자리를 비운 사이에 제 공부 자료들을 갈기갈기 찢어서 쓰레기통에 버린 사람도 있었습니다. 저보다 나이가 훨씬 더 많은 분이었습니다. 저는 대응하지 않았습니다. 오히려 예전보다 더 정중하게 인사했습니다. 그렇게 며칠이 지나자, 그분도 저에게 깍듯

이 인사를 하셨습니다. 모두가 놀랐습니다. 평소 상대에게 굽히지 않기로 소문난 분이었으니까요.

지금도 저는 종종 미움과 오해를 받습니다. 아마도 저의 지혜롭지 못한 모습 때문일 겁니다. 하지만 그 또한 제가 감당해야 할 일입니다. 누군가에게 설명할 필요도, 지나치게 자책할 필요도 없습니다. 모두에게 좋은 사람이 될 수는 없음을 인정하고, 저 자신을 돌아보며 살고 싶습니다. 싸우고 싶지 않습니다. 오히려 더 고개를 숙이고 싶습니다. 무엇보다 모든 걸 다 아시는 하나님께 그저 맡겨 드리고 싶습니다. 가까이에서 함께하는 가족들과 동역자들은 제 마음을 압니다. 그것만으로도 저는 충분합니다.

| 세상을 바꾸겠다는 다짐 |

개인적으로는 학교에 있을 때가 가장 화려했던 순간이었습니다. 하나님을 아는 지식을 배운다는 것 자체가 저에게는 큰 행복이었습니다. 아마 교수와 목회를 병행할 수 있었다면, 저는 졸업과 동시에 유학길에 올랐을지도 모릅니다. 강단에 서고 싶었기 때문입니다.

사역도 게을리하지 않았습니다. 섬김의 현장에 있는 것이 참 좋았습니다. 당시에는 체력도 좋아서, 가장 빨리 일어났다가 가장 늦게 잠들곤 했습니다. 특별한 경우를 제외하고는 늘 빠른 걸음으로 다녔습니다. 해야 할 일이 항상 있었습니다. 하고 싶은 일들도 많았습니다. 아침에 눈을 뜨자마자 그날 해야 할 일들을 떠올렸고, 그것을 마치기 전에는 잠들지 않았습니다.

당시에는 졸업생 중 몇 사람이 채플 설교를 했습니다. 감사하게도 저 역시 설교자로 설 수 있었습니다. 긴장과 설렘으로 갈멜관 설교단에 섰던 그 순간을 잊을 수 없습니다. 그렇게 저는 하나님의 은혜로 성서학과를 졸업했습니다. 걱정보다는 기대가 앞섰습니다. 무엇이든 할 수 있고, 무엇이든 될 수 있다고 생각했습니다.

그즈음 기성 교회에 대한 부정적 이슈들이 언론에 자주 노출되기 시작했습니다. 마음이 아팠습니다. 날마다 예레미야의 심정으로 교회와 세상을 품고 기도했습니다. 하나님의 아픔을 느끼며 울어야 했습니다. 교회와 세상을 변화시키는 일에 하나님께서 저를 사용해 주시면 좋겠다고 생각했습니다.

하지만 그때부터 하나님께서는 저의 계획과 전혀 다른 방법으로 일하기 시작하셨습니다. 주님은 저를 철저하게 고립시키셨고, 또 낮추셨습니다. 빠르기만 하던 걸음을, 늦추셨습니다. 세상을 바꾸고 싶다는 한 신학생의 자신감 넘치는 목소리는 기억조차 나지 않게 하셨습니다. 정말이지 힘이 다 빠질 때까지, 주님은 멈추지 않고 그렇게 하셨습니다.

Prep 04

감사하지
아니한 家

04
감사하지 아니한 家

| 옥 탑 방 신 혼 생 활 |

대학교 3학년 때 아내를 만났습니다. 아내는 늘 헌신적이었습니다. 저의 목회 비전이나 생각을 존중해 주었고, 무엇이든 함께해 주었지요. 그래서인지 4년 동안 교제하면서도 다툼이 거의 없었습니다.

그렇게 2009년 2월 21일, 마침내 아내와 저는 결혼을 했습니다. 결혼 자금은 넉넉하지 못했습니다. 전도사 사례비가 50만 원도 되지 않던 때였고, 아내도 사회생활을 시작한 지 얼마 되지 않았으니까요. 통장에 모은 500만 원이 전부였습니다. 결혼을 준비하기에는 턱없이 부족했습니다.

넉넉하지 못한 형편에, 양가 부모님께 부담을 드리는 것 같아서 죄

송했습니다. 하지만 앞으로 인도하실 하나님에 대한 막연한 기대가 있었습니다. 사실 믿음이 좋았던 것인지, 철이 없었던 것인지 모르겠습니다. 아마 후자에 더 가까울 것 같습니다.

하나님께서 그런 저희를 긍휼히 여기셨습니다. 그리고 결혼식 준비의 모든 과정을 순탄하게 인도해 주셨습니다. 신혼여행은 원래 제주도를 계획했었는데, 누나와 매형의 도움으로 태국 푸껫(Phuket)에 다녀올 수 있었습니다. 여행을 하니 홀가분했습니다. 주변에는 싸우는 커플들도 많았는데, 저와 아내는 그저 모든 것이 즐겁기만 했습니다.

신혼 생활은 옥탑방에서 시작했습니다. 아버지께서 직접 인테리어를 해 주셨습니다. 집이라고도 할 수 없을 세 평 남짓한 공간이었지만, 그저 행복하고 감사했습니다. 그곳에서 아내와 알콩달콩 신혼 생활을 했습니다. 살림 초보였던 아내가 만들어 준 떡볶이는 지금도 잊을 수가 없습니다. 시뻘건 물 위에 하얀 떡들이 둥둥 떠 있었습니다. 간이 하나도 되어 있지 않은 정말 건강한(?) 떡볶이였습니다.

당연한 이야기이지만, 옥탑방의 여름은 더웠고 겨울은 시베리아처럼 추웠습니다. 특히나 겨울은 꽤 힘들었습니다. 방 안에서도 입김이 나왔고, 널어놓은 빨래는 그대로 얼어 버렸습니다. 자다가 발가락 동상에 걸리는 일도 있었습니다. 여름에는 벌레와의 전쟁이 끊이지 않았습니다. 어두운 밤에 손전등을 비추면 손바닥(?)만 한 바퀴벌레가 벽이나 천장에 붙어 있었습니다. 당시에는 그 벌레 한 마리 때문에 아내와 제가 얼마나 호들갑을 떨었는지 모릅니다. 또 그런 서로의 모습을 보면서 깔깔거리고 웃었습니다.

밤이 늦도록 수다를 떨었습니다. 옥상에서는 화초도 가꾸었습니다. 특히 야경이 좋았습니다. 창밖을 보면서 우리에게도 저런 집이 있으면 좋겠다고 생각할 때도 있었지만, 힘든 것보다 감사한 일이 훨씬 더 많았습니다.

| 부 부 상 담 |

그러던 중 한 지인의 권유로 부부 상담을 받게 되었습니다. 평소 갈등이 없더라도, 신혼 초기의 부부 상담은 매우 유익합니다. 특히 감정을 억누르고 사는 저에게 있어서, 상담은 너무나 좋은 선물이었습니다.

하루는 아내의 상담 내용이 제가 있는 방까지 들려왔습니다. 상담실의 문이 잘 닫혀 있지 않았던 것입니다. 아내는 집에 관한 이야기를 하고 있었습니다. 옥탑방에서의 어려움을 털어놓고 있었지요. 마음이 불편했고, 얼굴도 화끈거렸습니다. 저의 민낯이 다 드러난 것 같았습니다. 숨기고 싶은 저의 모습이 알려진 것 같아서 부끄러웠습니다. 아내의 목소리가 들리지 않는 곳으로 자리를 옮겼습니다. 아내와 저를 위해서 그렇게 하는 게 좋을 것 같았습니다.

생각해 보면 옥탑방 생활은 분명 아내에게 쉽지 않았을 겁니다. 저는 줄곧 옥탑방 아니면 반지하에서 살아왔지만, 아내는 그렇지 않았으니까요. 게다가 아내는 어릴 적 두 차례나 도둑이 들었던 경험 때문에 트라우마를 가지고 있었습니다. 아마도 옥상 외부와 연결되어 있는 옥탑방 구조가 불안하기도 했을 겁니다.

겨우 20대 중반, 저와 아내에게 새로운 시작은 낯설고 불안한 일이었습니다. 아내에게 고마운 마음이 들었습니다. 그리고 임신한 아내와 곧 태어날 아이를 위해, 새로운 보금자리를 허락해 주시기를 기도했습니다.

임대 아파트

아내는 결혼 3개월 만에 임신했습니다. 하나님께서 저희 부부에게 아기를 주셨다는 사실이 너무나 신기하고 감사했습니다. 한편으로는 큰 책임감을 느끼기도 했습니다.

아내는 먹어야 입덧이 가라앉았습니다. 그 또한 힘든 일이긴 했지만, 입덧 때문에 아무것도 먹지 못하는 분들에 비하면 감사했습니다. 임신한 후 오히려 잘 먹는 며느리에게 어머니는 거의 하루도 빼놓지 않으시고 고기와 과일을 사다 주셨습니다. 장인어른도 과일이나 간식을 자주 보내 주셨습니다. 양가 부모님의 사랑과 기도 덕분에 아내는 임신 기간 내내 건강을 유지할 수 있었습니다.

그러던 어느 날 출산을 앞두고 어머니께서 저희에게 2천만 원이 든 통장을 건네셨습니다. 그동안 한 푼도 쓰지 않으시고 모아 두신 것이었습니다.

"큰돈은 아니지만, 출산하기 전에 이사할 수 있는 집이 있는지 찾아보렴."

어머니께서 얼마나 힘들게 일해 오셨는지 알기에 마음이 무거웠습니다. 하지만 순종하는 마음으로 받았습니다. 당연하게 생각하지 않고 나중에 꼭 돌려드려야겠다고 생각했습니다.

마침 해외 선교를 준비하던 매형과 누나가 신혼살림 대부분을 보내주기로 했습니다. 역시나 제 마음은 편하지 않았지만, 매형과 누나는 기쁨으로 그렇게 했습니다.

그렇게 저희 부부는 동두천 송내동에 있는 한 작은 임대 아파트로 이사를 했습니다. 2년 월세 계약이었습니다. 고급 아파트는 아니었지만, 옥탑방에 비하면 곧 태어날 아기에게 훨씬 좋은 환경이었습니다. 아내의 동료가 빌려준 아기 침대를 조립하는데, 입꼬리가 절로 올라갔습니다.

물론 생활은 넉넉하지 않았습니다. 서울에서 멀리 이사 온 탓에 오히려 아르바이트도 끊어지고, 아내 역시 출산과 육아를 위해 일을 쉬었습니다. 당시 전도사 시절에 받았던 사례비 50만 원은 입금되자마자 빠져나갔습니다. 십일조는 둘째치고 헌금을 드리지 못하는 날도 있었습니다. 헌금 시간마다 기도하면서 참 많이 울었습니다.

분유와 기저귓값도 만만치 않았습니다. 육아에 들어가는 비용이 그렇게 많은지 미처 몰랐습니다. 그저 성실하게 살면 된다고만 생각했는데, 현실은 조금 달랐습니다. 당시 저와 아내에게는 정말이지 그 어떤 것도 쉬운 일이 없었습니다.

밤마다 아파트 단지 내 산책길을 걸으며 혼자 기도했습니다. 벤치에 앉아서 땅이 꺼질 정도로 한숨을 내쉬기도 했습니다. 어렸을 때는 어깨에 힘주고 다니는 친구들이 강해 보였는데, 이제는 제 앞을 지나가는 중년의 부부들이 너무나 위대해 보였습니다.

어느 날, 문득 하늘을 올려다보았습니다. 맑은 하늘에 하트 모양의 뭉게구름이 예쁘게 피어 있었습니다. 하나님의 마음이 느껴졌습니다. 여전히 저에게서 눈을 떼지 않으시며, 여전히 저를 사랑하시고 저를 향해 미소 지으시는 하나님 아버지의 음성이 들리는 것 같았습니다.

"아들아, 사랑한다. 지금도 충분히 잘하고 있어."

그저 이 악물고 버티기만 하는 삶이었기에, 하나님께 죄송한 마음이 있었습니다. 그러나 하나님께서는 그런 저와 아내를 나무라지 않으셨습니다. 오히려 변함없는 사랑으로 함께해 주셨습니다. 하나님의 마음을 묵상하면서 저 역시 미소로 답했습니다.

"네, 하나님. 하나님 한 분만으로 충분합니다."

옥탑방으로 돌아오다

2년의 임대 계약을 마치고 다시 상계동의 옥탑방으로 돌아왔습니다. 당고개에서의 목회 사역을 본격적으로 시작했기 때문입니다. 옥탑방 생활은 역시나 녹록지 않았습니다. 아래층으로 가려면 사다리를 이용해야 했는데, 당시 둘째를 임신하고 있던 아내와 이제 겨우 두 돌이 지난 첫째에게는 상당히 불편하고 위험했습니다. 온수가 없어서 한겨울에는 냄비에 물을 끓여서 사용했고, 화장실은 한 층 아래의 공용 화장실로 다녀야 했습니다.

하지만 하나님의 은혜로 그 모든 것을 잘 감당할 수 있었습니다. 옥상에 화초도 키우면서 나름의 낭만도 즐겼습니다. 하루는 블루베리 몇 개를 수확(?)해서 첫째에게 먹였는데, 맛이 좋았는지 아이가 아침마다 옥상의 화분들을 살피기 시작했습니다. 세 살짜리 아이가 뒷짐을 지고 열매를 찾는 모습이 얼마나 천진난만하고 사랑스러웠는지 모릅니다.

이듬해 둘째가 태어났습니다. 이후 4년 동안 세 평 남짓한 공간에서 그렇게 네 식구가 함께 살았습니다. 아이들에게 옥탑방 생활은 더 가혹했습니다. 한여름 무더위에는 아이들이 넋을 잃고서 늘어졌고, 겨울에는 이불로 꽁꽁 싸매 주어도 손발이 얼음장이 되었습니다.

그럼에도 누군가에게 아쉬운 소리를 하거나 도움을 구하지는 않았습니다. 그저 주님의 은혜로 그 모든 시간이 감사하게 흘러갔습니다.

"엄마에게는 힘들다고 말해도 괜찮아. 도와달라고 해도 괜찮아."

양가 부모님께서 그런 저희의 마음을 아시고서 가끔 이렇게 말씀하셨지만, 저희의 가정에 하나님의 인도하심이 있었습니다. 힘들기만 한 것도 아니었습니다. 이해되지 않았던 상황조차도 나중에 돌아보면 모두 하나님의 선물이었습니다.

| 반지하 전셋집 |

2년 뒤. 하나님께서는 셋째를 허락하셨습니다. 당시 어린이집 교사로 일하던 아내는 만삭의 몸으로 사다리를 오르내리며 열심히 일을 했습니다. 아내는 그저 열심히 일해서 남편의 목회를 돕고 교회 재정에 작은 보탬이 될 수 있음에 기뻐하는 사람이었습니다.

하지만 출산일이 다가오자 조금은 걱정이 되었습니다. 세 아이를 키우기에는 공간이 너무 좁았습니다. 세 평도 안 되는 방 하나에 복도 같은 통로가 전부였으니까요. 게다가 사다리와 연결된 바닥 공간도 너무나 위험했습니다. 사실 더위와 추위는 큰 문제도 아니었습니다. 그러던 어느 날 아내가 불쑥 이사 이야기를 꺼냈습니다.

"오늘 부동산에 한번 가 보기로 해요."

사실 이사를 위해서 기도는 꾸준히 하고 있었습니다. 하지만 모아 놓은 돈이 별로 없었습니다. 당시에는 신혼부부를 위한 대출 지원도 거의 없었고, 재개발 소식으로 인해 상계동의 전월세 보증금도 많이 오른 상태였습니다.

그런데 갑자기 아내가 집을 알아보자고 하는 게 아니겠습니까. 아내의 말에 저도 용기가 조금 생기고 막연한 기대도 되었습니다. 그렇게 저는 만삭의 아내와 집을 나섰습니다.

"저… 혹시 작은 전세방 좀 있을까요?"

조금은 자신감이 없는 말투로 물었습니다. 막상 들어가니 확신이 없었지요. 그런데 말이 끝나기가 무섭게, 사장님은 반가운 목소리로 저희를 맞으며 말씀하셨습니다.

"아! 마침 방금 나온 전셋집이 있는데 같이 한번 가 보실래요?"
"그런데 저희가 모아 둔 돈이 별로 없어서요. 혹시 보증금은 얼마인가요?"
"4천만 원입니다. 근래에는 절대로 찾을 수 없는 금액입니다."

저는 속으로 만세를 불렀습니다. 당시 시세의 절반도 안 되는 금액이었고, 담보도 전혀 없는 소위 깨끗한(?) 집이었기 때문입니다. 그 정도면 어린이집 교사인 아내 명의로 전세 자금 대출을 신청할 수 있을 것 같았습니다. 저는 미소를 지으며 아내에게 슬쩍 사인을 보냈습니다. 그리고 부동산 사장님과 함께 그 집으로 향했습니다.

높은 오르막길을 두 번 정도 지나야 나오는 집이었습니다. 들어가서 보니 너무나 좋았습니다. 반지하였지만 입구도 깨끗하고, 사실상 거의 1층이나 다름없었습니다. 물론 채광이나 통풍은 그리 좋지 않았지만, 작은 방 두 개와 주방, 심지어(?) 화장실도 있었습니다. 아내와 아이들이 지내기에 너무나 좋은 곳이라고 생각했습니다.

놀라운 것은, 저희 부부가 부동산에 들어가기 직전에 전세 매물로 올라왔다는 겁니다. 하나님의 인도하심이라는 확신이 들었습니다. 몇 가지를 더 확인한 후, 계약서를 썼습니다. 그리고 아내 명의로 전세 자금 대출도 신청했습니다. 승인까지는 약 한 달 정도의 시간이 걸렸는데, 감사하게도 가장 저렴한 금리로 승인을 받았습니다.

임대인도 너무나 좋은 분이었습니다. 재계약을 하게 되더라도 보증금은 올리지 않겠다고 약속하셨습니다. 지역이 재개발되어 이주하게 될 때까지 편하게 살라고 하셨지요. 집 열쇠를 건네시면서 덕담도 잊지 않으셨습니다.

"행복하게 살다가 집 장만해서 이사하세요!"

그렇게 저희는 옥탑방에서 반지하로 이사를 했습니다. 비록 작은 반지하 전셋집이었지만, 저희 부부에게는 하나님께서 주신 선물처럼 느껴졌습니다. 하지만 바로 입주할 수 있는 상태는 아니었습니다. 너무 낡고 오래된 집이었기 때문입니다. 아이들을 위해 조금은 손을 봐야 했습니다.

셀프 아닌 헬프 리모델링

셋째를 출산하기까지 약 한 달의 시간이 남아 있었습니다. 임대인에게 인테리어 허락을 받고서 일단 청소를 시작했습니다. 아이들에게 그럴듯한 집을 만들어 주겠다는 원대한(?) 계획이 있었지요. 청소하면서 벌레도 많이 잡았습니다. 습기 때문인지 옥탑방에서보다 더 많은 벌레가 나왔습니다. 여기저기 틈새를 막았더니, 벌레는 눈에 띄게 줄었습니다.

그렇게 청소를 마치고 페인트를 칠하기 시작했습니다. 하지만 얼마 지나지 않아 저의 계획이 얼마나 무모한 것이었는지를 알았습니다. 습기가 차거나 물이 새는 곳도 있었고, 여러 틈새 작업이나 마감도 쉽지 않았습니다. 페인트칠만 한다고 될 일이 아니었습니다.

결국 전문가의 도움을 받기로 했습니다. 감사하게도 교회 집사님께서 좋은 분을 소개해 주셨습니다. 덕분에 단 이틀 만에 낡은 천장과 벽이 새집처럼 깨끗해졌습니다.

옥색 빛깔의 오래된 싱크대에는 하얀 시트지를 붙였습니다. 처제 부부가 와서 많이 도와주었습니다. 아이들 방 한쪽 면에는 파란색 페인트를 칠했는데, 처제가 조카들이 좋아할 만한 예쁜 스티커로 마무리를 해 주었습니다. 게다가 교회 집사님들께서 전기 스위치와 전등, 문손잡이까지 교체해 주셨습니다. 아버지는 장판을 새로 깔아 주셨지요.

그렇게 의욕만 앞섰던 저의 인테리어는 셀프가 아닌 헬프 인테리어로 마무리되었습니다. 여러 손길을 거쳐 완성된 집을 보고서 만족인 아내가 활짝 웃었습니다. 저도 덩달아 기분이 좋았습니다. 여러 손길을 거쳐 완성된 인테리어라 더 의미가 깊었습니다.

| 설레는 모기장 텐트 안에서 |

이사하면서 아내에게 냉장고를 하나 선물했습니다. 결혼한 지 7년 만에 처음으로 산 냉장고였습니다. 비싸고 고급스러운 냉장고는 아니지만 용량도 크고 디자인도 좋았습니다. 냉장고를 들여다보며 환

하게 웃던 아내의 모습을 지금도 잊을 수가 없습니다. 뱃속의 막내도 엄마의 행복을 느꼈을 겁니다.

아이들은 놀이방을 제일 좋아했습니다. 파란색 포인트 벽과 예쁜 스티커, 그리고 빨간색 간이 소파가 있는 방이었습니다. 아이들은 이모에게 선물 받은 캐릭터 쿠션을 끌어안고 소파 위를 뒹굴었습니다. 그런 아이들의 모습을 보며 감사가 절로 나왔습니다.

이삿짐을 정리한 후, 모기장 텐트를 치고서 온 가족이 방에 누웠습니다. 아직 살림이 없어서인지 동굴처럼 목소리가 울렸습니다. 창밖에 있는 가로등 불빛이 방 전체를 환하게 비추었습니다. 아이들을 재우던 아내가 웃으며 말했습니다.

"창문에 블라인드 하나는 설치해야 할 것 같아요."

아이들을 재운 후, 아내와 천장을 올려다보며 이런저런 이야기를 나누었습니다. 텅 빈 방에 모기장 텐트 하나뿐이었지만 감사했습니다. 반지하 전세방일 뿐이었지만, 저희에게는 은혜의 선물이자, 소망의 약속이었습니다.

| 감사도 기쁨도, 때로는 조용히 |

처음으로 방문했던 부동산에서 시세의 절반도 안 되는 집을 찾을 수 있었던 것, 심지어 저희가 방문하기 직전에 그 집이 전세 매물로 등록되었다는 것, 은행에서 낮은 금리로 대출을 받을 수 있었던 것, 무엇보다 이사나 보증금 인상에 대한 걱정 없이 살 수 있게 되었다는 것, 이것은 우리를 긍휼히 여기신 하나님의 도우심과 인도하심이 아니고서는 설명할 길이 없었습니다.

하지만 성도들에게는 이 일을 간증하거나 하나님께 영광을 돌리지 못했습니다. 하나님께서 하신 일을 자랑하고 싶었는데, 하지 못했습니다. 당시 교회 형편이 너무나 어려웠기 때문입니다. 옥탑방에서 겨우 반지하로 이사했을 뿐인데, 이사했다는 말을 꺼내는 게 왜 그리도 미안하고 어려웠는지 모르겠습니다.

물론 성도들은 함께 기뻐하며 축하해 주었을 겁니다. 하지만 이상하게도 제 마음이 편하지 않았습니다. 30대 초반의 젊은 목회자에게 교회와 성도들의 어려운 형편은 늘 마음의 짐이었습니다. 마치 그 모든 게 저의 책임인 것 같았습니다. 물론 잘못된 생각이라는 걸 알면서도, 그런 부담감에서 그리 자유롭지 못했습니다.

| 오르고 내리며 |

그렇게 하나님의 은혜로 반지하 전셋집에서 9년을 살았습니다. 처음에는 가파른 언덕길이 쉽지 않았지만, 금세 적응되었습니다. 오히려 오르막길은 아이들의 체력 단련에도 큰 도움이 되었습니다. 실제로 어린이집 행사 때, 산 중턱까지 씩씩하게 걸어 올라가는 막내의 모습에 많은 선생님들이 놀라워했습니다.

물론 퇴근 후에는 그 오르막이 조금 버거웠습니다. 유모차를 밀고 가거나 아이를 품에 안았을 때는 온 세상을 다 짊어진 것 같았습니다. 눈길에서는 더욱 그랬습니다.

이 길을 오르는 사람들 대부분이 무거운 걸음을 옮깁니다. 그저 고개를 푹 숙인 채 걷고, 또 걷다가 위를 올려다보고는 한숨을 깊게 내쉬지요. 화려한 도심 속 당당하고 기품 있는 걸음걸이를 이곳에서는 찾아보기가 어렵습니다. 가난하지만 밝고 씩씩한 삶이라는 것은 어쩌면 드라마에서나 존재하는지도 모르겠습니다. 현실에서는 가난해서 더 힘들고, 가난해서 더 날카롭고, 가난해서 더 무겁습니다. 그럼에도 또 그 길을 오릅니다. 그렇게 또 살아 내는 것입니다.

폐지를 가득 실은 리어카를 밀고서 한 할머니가 언덕을 오릅니다. 장애를 가진 손녀와 함께 하루에도 몇 차례씩 그 길을 오르내립니다. 함께 끌어 보니 무게가 상당합니다. 내리막은 훨씬 더 아찔합니다. 그렇게 하루 종일 폐지를 주워도, 손에 쥐는 것은 겨우 몇천 원입니다. 하지만 최근에는 그마저도 구하기가 어렵습니다. 살 만하신 분들이 용돈벌이를 위해서 본인 소유의 집 창고에 폐지를 쓸어 모았기 때문입니다. 가난한 이웃과 나그네를 위해 떨어진 이삭을 남겨 두라 하신 주님의 말씀이 생각나서 씁쓸했습니다.

04 감사하지 아니한 家

제가 할 수 있는 일은 기회가 있을 때마다 도와드리는 것이었습니다. 지갑이라도 가지고 있는 날에는 현금을 손에 쥐여 드렸습니다. 겨울에는 일부러 핫팩을 넉넉히 들고 다니다가 어르신들에게 나눠 드렸습니다. 교회 성도들의 도움으로 패딩 점퍼를 나눠 드리기도 했습니다.

한편, 몸을 잘 가누지 못해 길가에 주저앉거나 위험하게 넘어지는 어르신들이 당고개에는 유독 많습니다. 술을 드신 것이 아니었습니다. 기력이 없어서 그런 것입니다. 천천히 부축하여 댁 근처까지 모셔다 드렸습니다. 보통은 집까지 가는 것을 꺼리십니다. 아주 위험한 상황이 아니라면 그런 어르신의 마음을 존중해 드립니다. 그저 외면하지 않았을 뿐인데, 잠시 동행했을 뿐인데, 그렇게 고마워하십니다. 어떤 분은 제가 목사인 것을 아시고 합장(?)하며 연신 고개를 숙이십니다.

그러던 어느 여름날이었습니다. 며칠째 폭염이 이어지고 있었습니다. 한 어르신께서 언덕을 오르다 길가에 주저앉으셨습니다. 저는 얼른 달려가서 들고 있던 생수병의 물을 드렸습니다. 어르신께서는 힘겹게 목을 축이시고는 고맙다고 하셨습니다. 하지만 일어나지는 못하셨습니다. 얼핏 보기에도 기력이 없어 보였습니다. 한참이 지난 후에야 저를 붙들고 겨우 일어나셨지만, 거기까지였습니다.

"혹시 댁에 가족이 있으실까요?"
"… 아들이랑 같이 살아요."
"그러면 제가 아드님께 연락을 드릴까요?"

어르신은 힘없이 고개를 저으셨습니다. 아들에게 연락하는 것을 원치 않으시는 눈치였습니다. 결국 저는 그늘진 곳에 어르신을 모셔 드리고 경찰에 인계했습니다. 하지만 그것이 그분의 마지막 모습이었습니다. 다음 날 그분의 시신을 싣고 나오는 구급 대원들을 보았습니다. 그 뒤에는 무덤덤한 표정으로 한 남자가 서 있었습니다.

노숙인, 실업자, 홀몸 어르신, 알코올 의존자들을 대낮에도 어렵지 않게 볼 수 있는 길, 이 오르막에서 저는 이웃의 삶과 죽음을 마주했습니다. 인생의 고된 걸음을 목격했습니다.

성도들에게 소망과 위로를 주는 것도 목회자의 중요한 사명이라고 생각합니다. 하지만 때로 그 위로와 격려가 너무나 가볍게 느껴질 정도로 현실이 냉혹할 때가 있습니다. 긴 세월 이곳을 오르내리면서, 목사인 제가 할 수 있는 일은 별로 없었습니다. 그저 외면하지 않는 것, 잊지 않고 축복하며 함께 그 길을 걷는 것, 그것을 할 뿐이었습니다.

| 적과의 동침 2 |

저희 집은 오래된 낡은 빌라였기에 층간 소음이 심했습니다. 하지만 서로 큰 문제는 없었습니다. 오히려 옆집 사장님의 코 고는 소리가 정겨웠습니다. 가끔 들려오는 노랫소리도 싫지 않았습니다. 때로 윗집의 핸드폰 진동이 새벽 알람 역할을 했습니다. 하지만 그날 밤 들려온 소리에는 온몸에 소름이 돋았습니다.

"사각… 사각… 삭 사악…"

무언가를 갉아먹는 소리였습니다. 처음에는 잘못 들은 줄 알았습니다. 소리가 난 쪽으로 조용히 다가갔습니다. 그렇게 숨을 죽이고 조용히 귀를 기울였습니다.

"사각… 사각… 삭 사악…"

천장에서 나는 소리였습니다. 불길한 예감이 뇌리를 스쳤습니다.

'쥐가 들어왔구나…?'

인기척을 느꼈는지 조용해졌습니다. 적막이 흘렀습니다. 천장을 사이에 두고 사람과 쥐 사이에 긴장감이 감돌았습니다. 잠시 후, 저는 막대기 끝으로 천장을 톡 쳤습니다.

"투타다다다닥…!"

화들짝 놀라며 쥐가 거실 천장 쪽으로 뛰어갔습니다. 역시나 불청객이 들어왔습니다.

그날 이후 쥐는 천장 여기저기를 활보했습니다. 천장을 갉아 먹기도 하고, 무언가를 툭툭 건드리기도 했습니다. 머리 위에서 쥐의 움직임이 느껴질 때마다 소름이 끼쳤습니다. 무엇보다 전기선을 갉아 먹거나 천장을 뚫고서 집에 들어올까 봐 걱정이 되었습니다.

쥐 퇴치 방법을 검색했습니다. 천장에 약한 부분이 없는지도 살펴보았습니다. 고양이 소리도 크게 틀어놓았지요. 가끔은 고양이 울음소리를 내면서 천장을 두드리기도 했는데, 이리저리 뛰어다니기만 할 뿐 효과가 없었습니다. 어찌나 똑똑하던지, 조용한 새벽이 될 때까지는 조용히 숨죽이고 있었습니다.

며칠 뒤 쥐 퇴치제를 샀습니다. 흰 바둑알처럼 생겼는데, 그것을 천장에 넣어 두면 쥐가 그것을 먹고 밖에 나가서 죽는다고 했습니다. 동네에 사시는 교회 집사님이 오셔서 천장 구석구석에 쥐약을 던져 주셨습니다. 요령도 알려 주셨습니다. 어찌나 감사하던지요.

하지만 기대와 달리 며칠이 지나도 효과가 없었습니다. 오히려 활동량이 더 늘어난 것 같았습니다. 며칠 뒤 집사님이 알려 주신 방법으로 더 많은 약을 던져 넣었습니다. 그렇게 또 며칠이 지났습니다. 그러던 어느 날이었습니다.

"툭. 또르르르르…"

무언가 '툭'하고 떨어지더니, 한쪽으로 굴러갔습니다. 바둑알이 굴러가는 것 같았습니다. 아마도 쥐약을 먹다가 떨어뜨린 것 같았습니다. 그날 이후 거짓말처럼 천장이 조용해졌습니다. 2주 만에 되찾은 평화였습니다.

이후에도 몇 차례 더 불청객이 찾아왔습니다. 하지만 당황하거나 격

정할 필요가 없었습니다. 그저 배운 대로 침착하고 대범하게(?) 쥐약만 던져 넣고 기다리면 되었으니까요. 정말이지 아끼지 않고 넉넉하게 넣어 주었습니다.

어릴 적 쥐를 쫓아내시던 어머니 생각이 났습니다. 어머니처럼 저 또한 적과의 동침은 절대 허락할 수 없었습니다.

| 화초도 자라지 않는 곳에서 |

15년 가까이 지연되던 지역 재개발이 금방이라도 진행될 것처럼 들썩이기 시작했습니다. 곧 이주를 시작할 것이라는 소문도 돌았지요. 그럼에도 저희 부부는 이사를 고려하지 않았습니다. 성도들보다 목회자 가정이 먼저 움직이는 것은 바람직하지 않다고 생각했기 때문입니다. 게다가 이사 비용도 저희 형편에는 만만치 않았습니다.

하지만 더 이상 미룰 수 없게 되었습니다. 아이들이 지내기에 집이 너무 좁았기 때문입니다. 그럴 만도 했습니다. 이사 오던 당시에 태어난 막내가 어느덧 아홉 살이 되었으니까요. 작은 방 하나는 옷방 겸 창고가 된 지 오래였고, 남은 방에서 다섯 식구가 함께 생활했습니다. 사춘기에 접어든 첫째를 위해서라도 이사를 해야 했습니다.

그렇게 이사할 집을 마련하고 이삿짐을 옮기면서 여러 가지 생각이 들었습니다. 햇빛이나 바람도 잘 들지 않던 곳, 벌레와 곰팡이, 창밖에 버려진 오물들과 싸워야 했던 곳, 창문을 열어도 오가는 사람들의 신발과 자동차 매연만 뿌옇게 보이던 이곳에서도 주님이 함께하셨습니다. 저와 아이들을 붙드셨고, 비전을 품게 하셨습니다.

화초 하나 키우기 힘든 이곳에서도 아이들은 건강하게 잘 자랐습니다. 심지어 친구들과 학부모 사이에서 아이들은 늘 귀감이 되었습니다. '하나님의 은혜'라고밖에는 설명할 길이 없습니다.

감사하게도 새로 이사 온 집은 채광이 좋습니다. 사춘기 아들에게 방도 생겼습니다. 아내와 아이들의 모습도 훨씬 더 밝아졌습니다. 저 또한 공간이 주는 위로를 경험하고 있습니다.

누구에게나 '집'에 대한 크고 작은 서사가 있을 겁니다. 예수님께도 있었습니다. 지금도 지하실 계단을 보면 어릴 적 생각이 납니다. 청소도구나 페인트 통 정도가 놓인 그곳에서 청소년 시절을 보냈습니다.

덕분에 성도들의 터전을 조금이나마 헤아릴 수 있습니다. 그 공간에서 느끼는 감정과 그곳에서 짊어지고 있는 짐의 무게를 공감할 수 있습니다. 그래서 섣부른 위로나 격려는 하지 않습니다. 그저 잔잔한 미소와 뜨거운 눈물로 그 짐을 나누고 싶습니다. 그렇게 영원한 아버지 집을 향해 걸어가고 싶습니다.

목회자는 언제든 이사 준비를 해야 한다고 배웠습니다. 앞으로도 하나님께서 가라고 하시는 그곳에서, 멈추라고 하시는 그곳에서 살고 싶습니다. 아내와 아이들에게 늘 고맙습니다. 가족의 헌신이 있기에 가능한 일이고, 앞으로도 그럴 테니까요.

Prep 05
초보 아빠의 고백

05
초보 아빠의 고백

| 새 싹 |

결혼한 지 3개월 만에, 하나님께서는 저희 부부에게 새 생명을 허락하셨습니다. 엄마가 된 아내의 모습이 너무나도 사랑스러워, 손을 꼭 잡으며 고맙다고 말해 주었습니다. 그렇게 저는 스물여섯에 아빠가 되었습니다.

그날의 모든 순간이 생생합니다. 처음에는 '산부인과'라는 곳이 그저 낯설기만 했습니다. 아기자기한 인형과 소품도 눈에 띄었습니다. 순서를 기다리던 아내는 곰 인형 옆에 앉아 사진을 찍어 달라며 조용히 포즈를 취했습니다.

"김은정 님, 들어오세요."

설레는 마음으로 진료실에 들어갔습니다. 간단한 검사를 통해 임신을 확인했습니다. 처음 본 초음파 사진이 너무 신기했습니다. 돌아가는 길에는 노원역에서 아내가 좋아하는 설렁탕을 먹었습니다. 하트 모양의 다진 파를 보며 좋아하는 아내의 모습이 귀여웠습니다.

아기의 태명을 '새싹'이라고 지었습니다. 파릇파릇한 새싹처럼, 저희 부부에게 돋아난 생명이었기 때문입니다. 마침 아내의 태몽에서 눈망울이 예쁜 고래가 나왔는데, 아내가 쓰다듬어 주니 웃으며 새싹 모양의 물줄기를 뿜어 냈다고 합니다. 너무도 만화 같은 꿈이라 저도 모르게 웃음이 나왔습니다.

| 초보 아빠 |

2010년 3월 2일 오전 9시 15분경, 분만실에서 아기 울음소리가 들려왔습니다. 태아의 위치 때문에 아내는 제왕 절개 수술을 받았습니다.

분만실에서 나온 아기는 잔뜩 웅크리고 있었습니다. 며칠 전 제 꿈에 찾아왔던 모습 그대로였습니다. 회복실에 있는 아내에게 보여 주려고 카메라 셔터를 눌렀습니다. 그런데 적외선이 얼굴에 닿아 불편했는지, 아기가 눈을 찡그렸습니다. 당황했습니다. 아기에게 미안했습니다. 다시 셔터를 눌렀습니다. 이번에도 아기가 인상을 썼습니다. 사진 하나 찍는데도 손이 덜덜 떨렸습니다. 초보 아빠의 일상은 그렇게 시작되었습니다.

일주일 후 집으로 돌아갔습니다. 당시 유행하던 신종플루 때문에, 일주일 만에 아기를 안을 수 있었습니다. 눈을 비비며 하품하는 것도, 배고파서 우는 것도, 알 수 없는 손짓과 발짓도 너무나 사랑스러웠습니다. 한참 동안 아기를 들여다보며 아내와 조용히 웃었습니다.

보호 본능이라는 것은 생각보다 강했습니다. 늘 경계 태세를 유지했습니다. 아이의 얼굴에서 작은 점 하나 올라오는 것이 그렇게 속상할 수가 없었습니다. 지금 생각하면 참 우스운 일이지만, 그때는 정말이지 진지했습니다. 혼자서 히어로 영화 몇 편은 찍었던 것 같습니다.

그냥 좋아

희생과 헌신이 없는 사랑이 있을까요? 역시나 육아는 실전이었습니다. 새벽에도 몇 번씩 깨는 아이를 돌보느라 늘 잠이 부족했습니다. 분유와 기저귀는 또 얼마나 비싸던지요. 또 얼마나 금방 떨어지던지요. 생활비 걱정에 한숨을 쉴 때가 참 많았습니다. 사실 20대 중반의 철부지 엄마 아빠에게는 그 무엇도 쉽지 않았습니다.

하지만 아이를 보면 힘이 났습니다. 비싼 것은 사 주지 못해도, 할 수 있는 것은 다 해 주고 싶었습니다. 기차를 좋아하는 아이를 위해 30분에 한 대 지나가는 1호선 열차를 몇 번이나 기다렸습니다. 근처에 있는 마트에도 자주 갔습니다. 간단히 장도 보고 마트에 있는 수족관도 보여 줄 수 있었으니까요. 반짝이는 눈으로 물고기를 들여다보는 아이의 모습이 너무나도 사랑스러웠습니다.

아이도 아빠를 좋아했습니다. 아빠와 함께하는 시간이 더 많았기 때문인지, 아이는 울 때도 아빠만 찾았습니다. 유독 아빠 품에 있는 것을 좋아했습니다. 땀띠가 날 정도로 안아 주었지요. 아기 띠를 하고 동두천에서 서울까지 새벽 기도회를 다녔습니다. 사역이나 행사가 있을 때도 아이를 데리고 다녔습니다. 순한 성격이어서 가능했지만, 그만큼 아이가 아빠를 잘 따랐습니다. 몇 년 뒤, 아이에게 물었습니다.

"아빠가 언제 제일 좋아?"
"음… 맛있는 거 사 줄 때도 좋고, 사 주지 않을 때도 좋아!"

아이는 수줍은 듯 저에게 안기면서 말했습니다. 생각지도 못한 대답이었습니다. 맛있는 걸 사 줄 때도, 사 주지 않을 때도 좋은 아빠라니요. 아이의 말에 기분이 좋았습니다. 사랑이란 조건이 필요 없는 것이었습니다. 이유 없이 좋은 것. 아이에게도 사랑은 그런 것이었습니다.

| 두 번의 이별 |

아내는 최소한 셋은 낳고 싶다고 했습니다. 저도 같은 마음이었습니다. 둘 다 아이를 좋아하기도 했고, 아이들이 서로 의지하면서 자라길 바랐습니다.

첫째가 태어난 이듬해인 2011년, 하나님께서는 저희 부부에게 두 번째 생명을 허락하셨습니다. 두 번째 임신이었지만 설렘은 여전했습니다. 얼마나 행복한 일인지 알기에, 오히려 더 기쁘고 감사했습니다.

하지만 기쁨도 잠시였습니다. 아내가 불길한 꿈을 자주 꾸었습니다. 그래서 그런지 컨디션도 좋지 않았고요. 곧바로 병원에 갔습니다. 역시나 의사는 유산의 위험이 높다고 했습니다. 아내와 아기의 건강을 위해 당분간은 안정을 취하며 잘 쉬어야 한다고 했습니다. 아내는 마음을 강하게 먹기로 했습니다. 기도하며 회복에 전념했습니다. 좋은 생각을 하면서 애써 이겨 내려고 했습니다.

하지만 결국 아기는 … 저희의 곁을 떠나고 말았습니다. 수술실에서 나온 아내는 오열했습니다. 저는 아내의 손을 꼭 잡아 주었습니다. 아내의 눈물은 핏방울처럼 뜨거웠습니다.

"아버지… 우리 아기 천국에 갔겠지요?"
"그럼 그럼…"

옆에 계시던 아버지께서 나지막이 대답하셨습니다. 마취가 덜 풀린 상태였음에도 아내는 아버지의 말씀에 위로를 얻었습니다. 그러고는 조금씩 안정을 되찾았습니다. 온 가족이 아내를 돌보았습니다. 출산하는 것만큼이나 유산도 힘든 일이었습니다. 저 또한 모든 것을 하나님께 맡기고 아내의 회복을 위해 최선을 다했습니다. 그날 밤, 아내를 재우고 혼자 조용한 거실에 앉았습니다. 참았던 눈물이 흘렀습니다. 소리 없이 참 많이도 울었습니다.

아내는 다음 해에도 같은 이유로 유산을 했습니다. 두 번의 유산…. 익숙해질 수 없는 이별이었습니다. 세상 그 무엇도 당연한 것이 없지만, 새 생명을 얻는 일은 더욱 그러했습니다.

| 기쁨이 오다 |

첫째만 잘 키우는 것이 하나님의 뜻일지도 모른다고 생각할 즈음, 아내는 네 번째 임신을 했습니다. 두 번의 유산 때문인지 걱정이 앞섰습니다. 마음의 준비를 하고 산부인과에 갔습니다.

혈액 검사상으로는 임신이 맞았습니다. 하지만 아기집이 보이지 않았습니다. 일부러 조금 늦게 갔는데도 말이지요. 며칠 후 다시 갔습니다. 임신 수치는 지난번보다 더 증가했습니다. 하지만 여전히 아기집은 보이지 않았습니다. 차트를 들여다보던 의사가 조심스럽게 말했습니다.

"이상하네요. 이 정도 수치면 보여야 하는데…"
"…"
"아직은 더 지켜봐야 하지만, 자궁 외 임신일 가능성도 있어요."

자궁 외 임신은 말 그대로 수정란이 자궁 밖에서 착상된 것을 말합니다. 만약 자궁 외 임신이 맞다면, 아내의 안전과 건강을 위해서라도 임신 중단 수술을 해야 했습니다.

며칠 뒤, 세 번째로 병원을 찾아갔습니다. 역시나 임신 수치는 더 높아졌습니다. 하지만 끝내 아기집은 보이지 않았습니다. 결국 의사의 권고에 따라 임신 중단 수술을 예약했습니다. 가슴이 답답했습니다. 힘들어하는 아내를 보면 속상했습니다. 왜 이런 시련을 주시는지 이해가 되지 않았습니다. 그저 울면서 기도했습니다.

그렇게 몇 년과도 같은 며칠을 보내고서 병원으로 향했습니다. 그때 의사 선생님이 조심스럽게 제안을 했습니다.

"마지막으로 한 번만 더 확인을 해 볼까요?"
　　"네…? 네!"

아내는 망설이지 않고 대답했습니다. 아마 누구라도 그렇게 했을 겁니다. 0.01%의 확률일지라도 가능성은 있는 거니까요. 긴장되는 마음으로 검사실에 들어갔습니다. 그때였습니다.

　　"어? 보여요! 드디어 아기집이 보이네요!"

아직 심장 소리는 들리지 않았지만, 아기집이 선명하게 보였습니다. 그것도 아주 건강한 상태로 말입니다. 마치 "엄마 저 여기 있어요!" 하고 아기가 부르는 것 같았습니다. 아내는 참았던 울음을 터뜨렸습니다.

　　"지금이라도 보여 줘서 고마워, 아가야."

하루만 늦었어도 아기를 못 만날 뻔했습니다. 의사 선생님께, 그리고 그 모든 순간에 개입하신 하나님께 감사했습니다. 평생 잊지 못할 첫 만남이었습니다. 저희 부부는 아가의 태명을 '기쁨'이라고 지어 주었습니다. 존재 자체로도 큰 기쁨인 아가였습니다.

당시 저희가 살던 옥탑방은 임신부가 지내기에 좋은 환경이 아니었습니다. 화장실도 두 개 층을 내려가야 했습니다. 중간에 사다리도 있었는데, 만삭인 아내에게는 쉽지 않았습니다. 하지만 아내는 불평하지 않았습니다. 오히려 감사하면서 그 모든 시간을 잘 이겨 냈습니다.

아내는 첫째 아이 때에 비해 입덧이 심했습니다. 냄새 맡는 것도, 음식을 먹는 것도 힘들어했습니다. 바로 옆 시장에서 올라오는 여러 음식 냄새 때문에 아내는 늘 괴로워했습니다.

감사하게도, 아버지가 심어 주신 복숭아나무가 그해에 첫 열매를 맺었습니다. 과일 하나 사기 어려운 형편이었는데, 서울 한복판 옥상에서 복숭아를 수확(?)한 것입니다. 과육도 많고 당도도 높았습니다. 모양과 빛깔 모두 좋은 최상급 복숭아였습니다. 복숭아 덕분에 아내의 입덧도 많이 가라앉았습니다. 그렇게 복숭아나무는 그해에 처음이자 마지막으로 열매를 맺었습니다. 그 또한 잊을 수 없는 하나님의 선물이었습니다.

그렇게 2013년 1월 22일, 기쁨이가 태어났습니다. 기쁨을 이기지 못하는 사랑을 실감했습니다. 또 한 명의 딸바보 아빠가 탄생한 순간이었습니다.

첫째에게도 기쁨이기를

첫째 아이는 엄마 아빠를 많이 도와주었습니다. 산후조리를 위해 엄마와 떨어져야 했던 몇 주의 시간도 씩씩하게 견뎌 주었지요. 겨우 네 살배기였지만, 속이 깊은 아이였습니다. 저희 부부도 첫째를 최대한 존중했습니다. 아이의 마음을 지켜 주고 싶었습니다. 이제 겨우 네 살인 아이에게 오빠가 되기를 강요하고 싶지 않았습니다. 그래서 책도 읽고 방송도 찾아보면서 아이를 존중하는 방법을 배웠습니다.

특히 동생과 처음 만나기 전, 첫째가 엄마와 함께 오붓한 시간을 갖도록 배려했습니다. 그렇게 충분한 시간을 보낸 후, 제가 둘째를 안고 들어갔습니다. 그렇게 동생을 보여 주자, 아이는 동생을 신기해하면서 좋아했습니다. 그러고는 조심스럽게 동생의 머리를 쓰다듬기 시작했습니다.

"엄마에게도 동생을 안아 보라고 할까?"

아이가 고개를 끄덕였습니다. 그렇게 아이의 허락을 받은 후, 아내가 아기를 품에 안았습니다. 아기의 존재가 첫째 아이에게도 기쁨이길 바랐습니다.

그렇게 기다림과 존중의 시간은 계속되었습니다. 그러자 아이도 동생을 받아들이기 시작했습니다. 동생이 울면 엄마를 재촉하며 얼른 아가에게 가 보라고 했습니다. 급기야 나중에는 엄마 아빠보다도 더 동생을 끔찍하게 챙겼습니다. 그렇게 둘째는 저희 부부에게뿐 아니라 첫째에게도 기쁨이 되었습니다. 그렇게 넷이 진짜 가족이 되었습니다.

| 달콤 살벌한 존댓말 |

딸바보 아빠 옆에는 껌딱지(?) 딸내미가 있기 마련입니다. 다시 출근을 시작한 아내를 대신해서 저는 아침마다 아이의 머리를 묶어 주었습니다. 처음에는 아이의 머리를 빗겨 주는 것도 쉽지 않았는데, 매일 하다 보니 조금씩 익숙해졌습니다. 새로운 스타일도 시도했습니다. 자신감을 얻은 것이지요. 어린이집 선생님이 아이의 머리를 보셨습니다. 괜히 긴장되었습니다. 선생님은 다정하게 웃으며 말씀하셨습니다.

"아이고, 머리가 다 풀렸구나! 선생님이 다시 예쁘게 묶어 줄게."

나중에 아내를 통해서 들은 이야기이지만, 선생님들 사이에서 둘째의 머리 스타일이 늘 이슈였다고 합니다. 물론 제가 기대했던 것과는 다른 이유였지만요. 그래도 아이와의 알콩달콩한 시간이 좋았습니다. 아들의 애교 많음보다 딸의 애교 없음이 더 강했습니다. 딸바보 아빠는 괜히 생기는 것이 아니었습니다.

하지만 한 가지 문제가 있었습니다. 아내가 보기에, 둘째 아이가 조금은 버릇없이 행동했던 것입니다. 유독 아빠인 저에게 그랬습니다. 저의 사랑이 서툴렀기 때문인지도 모르겠습니다.

그러던 어느 날이었습니다. 갑자기 둘째 아이가 제게 존댓말을 하기 시작했습니다. 그런 아이의 모습이 귀여우면서도 어색했습니다. 아이들을 재운 뒤 아내에게 물었습니다.

> "그런데 애가 왜 갑자기 존댓말을 하지?"
> "내가 앞으로는 아빠에게 존댓말 하라고 했어요."

둘째 아이는 한다면 하는 성격입니다. 실제로도 아이는 몇 년이 지나도록 엄마 앞에서 보란 듯이(?) 존댓말을 했습니다. 자존심 때문에 더 그러는 것 같았습니다. 그렇게 달콤 살벌한 존댓말이 아빠에게 쏟아졌습니다.

"(단호한 표정으로) 아빠, 아이스크림 꼭 사오세욧!"
"아잉, 아빠는 왜 이렇게 한 번에 못 알아들어요. 정말!"
"아빠, 정말 이럴 거예욤?"

| 콩닥콩닥 |

2년 뒤, 하나님께서는 저희에게 셋째를 선물로 주셨습니다. 태명은 '콩닥이'라고 지었습니다. 하나님의 선물에 가슴이 설 습니다. 아가의 심장이 힘차게 뛰기를 바랐습니다.

어린이집 선생님이었던 아내는 만삭의 배를 손으로 받치고 열심히 뛰어다녔습니다. 콩닥이도 그런 엄마를 도와주며 건강하게 자라 주었습니다. 그러던 어느 날, 아내의 어린이집 원장님에게서 연락이 왔습니다. 아내가 갑자기 쓰러졌다는 것입니다.

급히 병원으로 달려갔습니다. 감사하게도 아내는 안정을 되찾았습니다. 하지만 조산의 위험이 있다고 했습니다. 아직 한 달 이상은 더 버텨 줘야 했는데, 그러려면 최대한 쉬어야 했습니다. 잠시 잊고 있었습니다. 생명을 얻는 일이 얼마나 고귀하고 힘든 일인지를요. 이후에도 아내는 몇 차례 더 입원을 해야 했습니다.

감사하게도 하나님께서는 아내와 아기를 돌보셨습니다. 여러 위기가 있었지만, 예정일에 맞추어 아기를 만나게 하셨습니다. 첫째와 둘째도 동생을 예뻐했습니다. 마치 보석 다루듯 조심스럽게 돌보았지요. 동생을 예뻐하는 아이들의 모습이 그저 고맙고 사랑스러웠습니다. 넉넉하지는 않았지만, 든든하고 행복했습니다. 사랑하는 가족, 영원한 내 편이 있다는 것이니까요.

| 아빠가 되다 |

2015년, 교회는 심각한 재정 위기를 겪고 있었습니다. 어쩌면 당연한 일이었습니다. 당시 재개발 지역의 상가 교회는 그저 버틸 뿐이

었습니다. 목회자에게 미안해하는 성도들을 지켜보는 건 너무나도 아픈 일이었습니다. 저 역시 심적으로 지쳐 있었습니다. 담임 목회 5년 차에 가장 큰 어려움에 직면했습니다.

그러던 어느 날, 예배 시간에 첫째 아이가 천진난만하게 강단 앞으로 걸어왔습니다. 그러고는 저를 보며 해맑게 웃었습니다. 저 역시 가만히 미소를 지어 주었습니다. 저도 모르게 울컥했습니다. 감정을 억누르느라 가슴이 뻐근했습니다.

그렇게 일하는 목회자로서의 삶을 본격적으로 시작했습니다. 전에도 과외나 소소한 아르바이트는 해 보았지만, 사업은 처음이었습니다. 정말이지 잠을 잘 시간도 없을 정도로 열심히 했습니다. 덕분에 교회 빚도 갚고, 재정적으로도 어느 정도 여유가 생겼지요.

하지만 그만큼 아이들과 함께하는 시간은 줄었습니다. 늘 녹초가 되어 있었기에 아이들과 잘 놀아 주지도 못했습니다. 가족을 위해 열심히 살고 있음에도 아이들에게는 늘 미안했습니다.

그러던 어느 날, 문지방에 앉아서 혼자 장난감을 가지고 노는 막내를 보았습니다. 아직 잘 걷지도 못하던 때였는데, 서툰 솜씨로 장난감 버튼을 누르고 있었습니다. 한참을 서서 아이를 지켜보았습니다. 아이와 마지막으로 놀아 준 게 언제인지도 기억나지 않았습니다. 바쁘고 힘들다는 핑계로, 막내에게는 마음을 열지 못했던 것 같아서 미안했습니다.

아이를 마주 보고 앉았습니다. 아이도 저를 보았습니다. 장난감 버튼을 누르며 웃어 주었습니다. 막내에게도 진짜 아빠가 되어 준 순간이었습니다. 그렇게 저는 삼 남매의 아빠가 되었습니다.

늑대보다 크신 하나님

그렇게 또 몇 년이 흘렀습니다. 어느덧 아이들도 많이 자랐습니다. 저는 평소처럼 아이들을 씻기느라 진땀을 빼고 있었습니다. 그날따라 막내가 계속 장난을 쳤습니다. 처음에는 귀여웠습니다. 하지만 시간이 지날수록 점점 허리의 통증이 느껴졌습니다. 참다못한 저는 나름 엄한 표정과 목소리로 아이에게 말했습니다.

"계속 그렇게 장난치면, 늑대가 와서 '앙' 하고 물어간다!"

그러자 막내는 세상 진지한 표정으로 무언가를 생각했습니다. 그러고는 의미심장한 표정으로 저를 올려다보며 말했습니다.

"그 늑대가… 하나님보다 더 커?"

입이 다물어지지 않았습니다. 이 세상에 하나님보다 더 큰 늑대는 없으니까요. 저는 끝내 아무런 대답도 하지 못했습니다. 그렇게 아이의 장난은 계속되었고, 저는 쩔쩔매며 아이를 씻겨야 했습니다. 하나님을 믿는 아이라서 그런지 웬만한 협박(?)이 통하지 않았습니다.

| 여호와는 나의 목자시니 |

아빠가 된 후에 시편 23편을 자주 암송했습니다. 분만실 밖에서 수술이 끝나기를 기다렸을 때도, 아이들을 안고 응급실에 달려갔을 때도, 많은 고민과 걱정으로 무거워진 발걸음을 옮기면서도, 영적 외로움과 갈증 속에서도 조용히 이 말씀을 암송하고 묵상했습니다.

여호와는 나의 목자시니 내게 부족함이 없으리로다
그가 나를 푸른 풀밭에 누이시며 쉴 만한 물 가로 인도하시는도다
내 영혼을 소생시키시고 자기 이름을 위하여 의의 길로 인도하시는도다
내가 사망의 음침한 골짜기로 다닐지라도 해를 두려워하지 않을 것은

주께서 나와 함께 하심이라 주의 지팡이와 막대기가 나를 안위하시나이다

주께서 내 원수의 목전에서 내게 상을 차려 주시고

기름을 내 머리에 부으셨으니 내 잔이 넘치나이다

내 평생에 선하심과 인자하심이 반드시 나를 따르리니

내가 여호와의 집에 영원히 살리로다

아멘

이 짧은 한 편의 시가 저를 숨 쉬게 했습니다. 잠잠히 하나님을 바라보게 했습니다. 아무도 주목하지 않는 곳, 아무도 기억하지 못하는 삶이었지만, 선한 목자이신 하나님 한 분이면 충분하다는 고백을 가능하게 했습니다. 따스한 봄 햇살처럼, 그렇게 하나님께서는 저를 어루만지셨습니다.

여전히 초보 아빠입니다

부모님께 받은 사랑을 아이들에게도 흘려보내고 싶었습니다. 아이들도 "사랑으로 충분했어요"라고 말할 수 있으면 좋겠다고 생각했습니다. 그래서 기회가 있을 때마다 아이들을 안아 주었습니다. 사랑한다는 말도 자주 들려주었습니다. 아이들을 재울 때는 '호 선생'이 되어 흥미진진한 이야기를 들려주기도 했습니다. 즉흥적으로 지어 낸 호

랑이 선생의 모험담에 아이들은 손에 땀을 쥐며 좋아했습니다.

말 그대로 슈퍼맨 아빠였습니다. 장난감 건전지를 교체한 것만으로도 아이들은 아빠를 우러러보았습니다. 가끔 다투는 소리가 들리면, "에헴"하는 소리와 함께 있지도 않은 수염을 쓰다듬으며 솔로몬 뺨치는 판결을 해 주었습니다. 때로는 악어 떼 가득한 정글을 누비는 보트가, 때로는 흥미진진한 놀이기구가 되어 주었습니다.

하지만 정작 사랑을 받은 건 저였습니다. 아이들은 있는 그대로 저를 사랑해 주었습니다. 갑작스러운 과호흡과 쇼크로 병원에 이송되었을 때도, 번 아웃과 발작으로 1년 가까이 누워 있었을 때도, 아이들은 저의 '비타민'이었습니다.

2025년 현재, 어느덧 40대 16년 차 아빠가 되었습니다. 지금의 저는 슈퍼맨과 거리가 멉니다. 불룩 나온 배에 머리숱도 별로 없는 데다가, 앉고 일어설 때마다 삐걱거리는 아저씨가 되었으니까요. 하지만 저는 여전히 아이들의 사랑을 받고 있습니다. 아빠의 배를 좋아해 주고, 기회가 있을 때마다 달려와 안아 주는 아이들에게 늘 고마운 마음입니다.

육아를 통해 삶을, 그리고 목회를 배웠습니다. 아이들을 돌보며 하나님 아버지의 마음을 느꼈습니다. 물론 저는 여전히 초보 아빠입니다. 매일매일 변하는 아이들의 모습에 당황스러울 때가 한두 번이 아닙니다. 그래서 늘 이렇게 고백합니다.

"아빠도 모르는 게 많아. 그래서 계속 배워야 해?"

앞으로도 저는 초보 아빠일 겁니다. 언젠가 초보 할아버지도 되겠지요. 멋진 아빠도 좋지만, 무엇보다 사랑이 많았던 아빠로 기억되고 싶습니다. 그렇게 아름다운 추억이 되고 싶습니다.

하늘 아버지가 계시니까

20대에 개척해서 지금까지, 제가 아니면 안 되는 환경에서 살아왔습니다. 제가 노력해야 했고, 짊어져야 했습니다. 그래야 교회와 가정을 지킬 수 있다고 생각했습니다. 교회에서도, 가정에서도 그런 아버지가 되어야 한다고 생각했지요. 그래서 늘 불안했습니다. 무거운 짐을 지고 저 자신을 괴롭혔습니다. 덕분에 우울증과 공황도 겪었습니다. 하지만 이제는 분명히 압니다. 저에게도 하늘 아버지가 계신다는 사실을요.

지난 15년의 목회를 통해 하나님께서는 '이전보다 덜 당황하는 훈련'을 하게 하셨습니다. "허허" 하며 넘어가게 하셨습니다. 물론 저는 여전히 실수합니다. 때로는 넘어집니다. 하지만 괜찮습니다. 아버지 하나님이 계시니까요. 그래서 오늘도 저는 크게 숨 고르며 이렇게 고백합니다.

"괜찮아! 하늘 아버지가 계시니까."

Prep 06

기다림의 은혜

06
기다림의 은혜

| 확신과 무모함 사이에서 |

2003년 성서학과에 입학한 순간부터 한순간도 다른 교단이나 학교를 생각했던 적이 없었습니다. 학교의 밀알 정신이 좋았고, 말씀 중심의 가치가 제 마음에 닿았기 때문입니다. 그래서 당연한 듯 한국성서대학교 대학원에서 목회학 석사를 취득한 후, 한국성서선교회에서 목사 안수를 받았습니다. 하지만 그 과정에서 주변의 많은 우려도 있었습니다.

"안수는 교단에서 받아야지."
"좋은 곳이긴 하지만, 목회 현장에서는 쉽지 않아."
"안수는 조금 더 고민해 봐. 더 넓은 곳으로 가야지."

심지어 그간 아무 말씀 없으시던 아버지께서도 선교회에서 안수받는 것을 염려하셨습니다. 오죽하면, 동료 목사님들까지 동원하셔서 설득하려고 애쓰셨을까요. 모두 저를 아끼는 마음이었습니다.

하지만 확신이 있었습니다. 작은 선교회이지만, 그래서 더 좋았습니다. 울타리가 없기 때문에 오히려 더 다양한 교단의 동역자들을 만날 수 있으리라 기대했습니다. 그렇게 2011년 스물여덟의 나이에 한국성서선교회에서 목사 안수를 받았습니다. 설렘과 감격의 순간이었습니다.

하지만 현실은 냉혹했습니다. 개척과 동시에, 이전에는 경험해 보지 못했던 고립과 외로움에 직면해야 했습니다. 심지어 저를 위아래로 훑어보며 비웃는 동기도 있었습니다.

특히나 처음 3년은 너무나 외로웠습니다. 사람을 만나고 싶었습니다. 목사에게도 심방이 필요하다는 것을 그때 뼈저리게 느꼈습니다. 실제로 당시 저의 기도 수첩에는 이러한 간절함이 빼곡하게 적혀 있습니다.

"복음 안에서 함께 울고 웃을 수 있는 동역자를 만나게 해 주세요."

그러나 하나님은 침묵하셨습니다. 외로움이 무뎌질 때까지 저를 그렇게 두셨습니다. 막다른 골목에 다다랐을 때도, 숨이 턱 밑까지 차올랐을 때도 주님은 모른 척하셨습니다. 그렇게 10년이라는 세월 동안 하나님께서는 저라는 사람을 세상에서 지우시는 듯했습니다.

| **개 척** |

2011년, 동두천에서 교회를 개척했습니다. 사실 20대 후반에 교회를 개척한다는 것이 조금은 부담스럽기도 했습니다. 한편으로는 부교역자로 사역하면서 더 많은 것을 배우고 싶기도 했습니다. 하지만 그럼에도 개척을 결심한 이유는 설교 때문이었습니다. 스무 살 때부터 어린이와 청소년 설교는 많이 했지만, 장년부 설교의 기회는 별로 없었습니다. 그저 매 주일 복음을 전하고 싶었습니다. 오롯이 한 영혼에 집중하며 하나님의 말씀을 가르치고 싶었습니다.

예배당은 따로 구하지 않았습니다. 어려운 형편에, 성도도 없는 상황에서 예배당을 급하게 얻을 필요가 없었습니다. 결국 아내와 논의한 끝에 일단은 가정에서 예배를 드리기로 했습니다. 그렇게 큰 방은 예배실로, 작은 방은 목양실로, 거실은 친교와 양육을 위한 공간으로 준비했습니다.

특별한 것은 없었습니다. 아크릴판 보면대 하나, 식당 주방에서 사용하는 작은 벨과 방석 몇 개, 벽에 걸린 십자가가 전부였습니다. 누나가 선교지로 떠나면서 남겨 둔 침대는 예배 공간을 위해 버려야 했습니다. 준비를 마치고 나니 알 수 없는 감정이 밀려왔습니다. 아버지 생각이 났습니다. 브라질 촌의 낡은 가정집에서 개척하셨던 아버지의 마음은 어떤 것이었을까요?

하나님을 사랑하고 이웃을 사랑한다는 의미를 담아, 교회 이름을 '사랑성서교회'라고 지었습니다. 그리고 선교회에 단체 가입을 신청했습니다. 하지만 가정에서 개척한 교회라는 이유로 받아들여지지 않았습니다. 아쉬웠습니다. 하지만 이의를 제기하지는 않았습니다. 그 또한 하나님의 뜻이라 믿었기 때문입니다. 조급할 이유도 없었습니다. 그리스도의 몸 된 교회는 이미 하나님 나라에 속해 있으니까요.

물론 가정 교회를 섬긴다는 것은 쉬운 일이 아니었습니다. 무엇보다 가정 교회는 목회자의 삶이 공개되는 것이었습니다. 그럼에도 매 주일 설교할 수 있어서, 하나님의 복음을 가르칠 수 있어서 감사했습니다.

아내는 저의 든든한 동역자였습니다. 제가 기도하고 결정하는 일에 대해서는 조금도 의심하지 않았습니다. 막 첫돌이 지난 첫째 아이도 엄마 아빠를 도와 예배를 준비했습니다. 방석을 하나씩 끌고 와서 자리에 깔아 놓기도 하고, 주보와 헌금함도 정돈하곤 했습니다. 겨우 두 살짜리 아이가 어떻게 그렇게 했는지 모르겠습니다. 양가 부모님과 모교의 성도들도 크고 작은 일에 도움을 주었습니다. 무엇 하나 저 혼자만의 힘으로 한 게 없었습니다. 하나님의 은혜와 동역자들의 섬김 덕분에 가능했습니다.

물론 그렇다고 해서 많은 사람이 교회로 몰려온 것은 아니었습니다. 장모님과 장인어른, 그리고 친구들과 지인 몇 명이 오가며 예배할 뿐이었습니다. 실망하지는 않았습니다. 숫자보다 중요한 가치가 있었기 때문입니다.

| 첫 번째 세례 |

장인어른과 장모님은 저희 부부의 결혼과 동시에, 집안의 제사를 중단하셨습니다. 벽에 걸려 있던 '달마도'를 비롯해 모든 제사용품도 과감하게 버리셨습니다. 집 근처 교회에도 열심히 출석하셨습니다. 아내는 뛸 듯이 기뻐했습니다. 아내의 오랜 기도에 하나님께서 응답하셨기 때문입니다. 그리고 2년 뒤, 사위가 개척한 교회에 등록하셨습니다.

특히 장모님은 진지한 태도로 성경 공부에 임하셨습니다. 배움의 기쁨이 느껴졌습니다. 저 또한 성경 공부와 신앙 상담을 하면서 장모님을 더 깊이 이해하게 되었습니다. 때로는 장모님의 신앙 고백을 통해 오히려 제가 큰 은혜를 누리기도 했습니다.

> "민 서방, 하나님을 알아 갈수록 마음에 평안이 있어. 참 신기하지? 상황은 그대로인데 마음이 새로워지는 것 같아."

그렇게 그해 12월 25일, 성부와 성자와 성령의 이름으로 장모님과 장인어른이 세례를 받으셨습니다. 저에게 있어서도, 첫 번째 세례를 두 분께 베푼 것은 평생 잊지 못할 감사의 제목입니다. 물론 제가 한 것이 아닙니다. 아내와 처제의 오랜 기도를 들으신 하나님께서, 놀라운 섭리 가운데 이 작은 가정 교회를 사용하신 줄 믿습니다.

혹 누군가가 저에게 "그렇게 고집을 부려서 젊은 나이에 개척한 결과가 뭐냐? 열매가 있었냐?"라고 묻는다면, 저는 조금도 망설이지 않고 한 영혼을 향한 하나님의 계획을 자랑할 겁니다. 가정집에 세워진 이 작은 교회에서 하나님께서는 한 영혼의 소중함을 가르쳐 주셨습니다. 그리고 두 명의 세례 교인을 세우셨습니다. 이보다 더 놀라운 열매가 또 어디에 있겠습니까? 규모나 숫자보다 더 소중한 가치가 여기에 있음을, 지금도 저는 굳게 믿습니다.

| 복음과의 충돌 |

때로 우리는 교회에서 익숙하게 들어온 이야기를 절대적인 진리와 혼동할 때가 있습니다. 물론 그중에는 교회가 지켜야 할 소중한 유산도 있습니다. 특히 신앙의 선배들이 보여 준 하나님을 향한 순수한 사랑과 열정은 오늘날의 세대가 절대 놓치지 말아야 합니다.

하지만 동시에 '정말 그러한가?' 하고 끊임없이 묻고 답해 보았으면 좋겠습니다. '우리, 지금 잘 가고 있는 건가?', '이것이 정말 하나님의 뜻인가?'와 같은 근본적인 질문들 말입니다. 왜냐하면 개혁된 교회는 끊임없이 개혁되어야 하고, 그 개혁은 언제나 성경에 근거해야 하기 때문입니다. 우리의 모든 신앙과 행위의 궁극적인 권위는 교회의 전통이나 가르침, 시대의 조류가 아닌 하나님의 말씀에 있기 때문입니다.

목회를 시작하면서 저는 '복음과의 충돌'을 시도했습니다. 교회가 복음으로 인해 충격을 받기 원했습니다. 저와 성도들이 복음으로 산산조각 나기를 원했습니다. 복음이 진정한 복음이 될 때까지, 다소 불편하더라도 그 시간을 통과해야 한다고 생각했습니다.

특히 저는 고린도전서 13장을 가지고서 저와 성도들을 점검했습니다. 복음을 떠난 교회, '다른 복음(틀린 복음)'에 빠진 교회에서는 '사랑의 장'이라고 불리는 고린도전서 13장과 반대되는 모습이 나타나기 때문입니다.

'다른 복음'은 오래 참지 않습니다. 온유하지도 않습니다. 시기하고 자랑합니다. 교만하고, 무례합니다. 자기의 유익을 구하고, 성내며, 악한 것을 생각합니다. 불의를 기뻐합니다. 그러나 진리와 함께 기뻐하지는 않습니다. 모든 것을 참지 않습니다. 모든 것을 믿지도 않습니다. 모든 것을 바라지 않으며, 모든 것을 견디지도 않습니다.

그렇게 저는 성도들에게 복음을 전했습니다. 하지만 그것이 진정으로 좋은 소식이 되기까지는 상당한 시간이 필요했습니다. 성도들뿐 아니라 설교하고 가르치는 저에게도 고통스러운 일이 아닐 수 없었습니다. 설교를 마치고 집에 돌아와서는 몇 번이고 마음이 요동쳤습니다. 때로는 텅 빈 예배당에 앉아서 강대상을 멍하니 바라보며 하나님께 하소연할 때도 많았습니다.

"하나님, 제가 지금 하는 일이 과연 의미가 있을까요?"

슬프게도, 그 과정에서 교회를 떠난 분들도 있었습니다. 하지만 그럼에도 하나님께서는 그것이 꼭 필요한 일이라는 확신을 주셨습니다. 어둠의 터널을 통과하지 않고는 빛을 볼 수 없는 것처럼, 성도들을 빛으로 인도하기 위해서는 그들과 함께 그 어둠을 돌파해야만 했습니다.

감사하게도, 그렇게 긴 어둠의 터널을 통과하면서 우리는 '은혜의 복음'을 조금씩 누리기 시작했습니다. 하나님을 기쁘시게 하려고, 하나님께 인정받으려고, 하나님께 버림받지 않으려고 행하던 모든 걸 내려놓기 시작했습니다. 다른 그 무엇도 아닌 하나님 그분을 기뻐하기 시작했습니다.

복음과 충돌한 덕분에 성도들은 섬김의 자리에서 경쟁하지 않습니다. 하나님께 인정을 받기 위해 봉사하지 않습니다. 그저 기쁨으로 자원하여 섬깁니다. 혹 섬기지 못한다고 해서 위축되거나 미안해할 필요도 없습니다. 그리스도 안에서 우리는 이미 완전히 새로운 작품이기 때문입니다.

얼마 전 사랑하는 두 분 목사님과 함께 바다를 보러 갔습니다. 시원하게 불어오는 바람과 힘찬 파도가 제 마음을 울렸습니다. 그때 한 목사님이 이렇게 말씀하셨습니다.

> "목사님, 혹시라도 미운 성도가 있으면 파도를 향해서 이름을 크게 한번 불러 보세요!"

평소 미자립 교회 목사님들을 위해 온 마음을 쏟으시는 분이기에, 저를 위로하려고 그렇게 말씀하신 것이었습니다. 그 자리에서 모든 짐을 훌훌 털어내길 바라셨을 겁니다. 잠시 생각에 잠겼습니다. 하지만 아무리 생각해도 미운 성도가 떠오르지 않았습니다.

> "목사님, 정말이지 미운 성도가 단 한 명도 없네요."

목사님은 그런 저를 향해 말없이 고개만 끄덕이셨습니다. 그리고 다시 바다를 바라보았습니다. 부서지는 파도를 보는데, 괜히 눈물이 났습니다.

그저 하나님의 부르심에 응답하며 성도들과 함께 십자가의 길을 걷고 싶습니다. 목회자 중심이 아닌 하나님 중심의 행복한 삶으로 성도들을 안내하고 싶습니다. 그리고 그들과 함께 소박하고 고된 일상을 함께 살아 내고 싶습니다. 하나님의 사랑을 얻기 위해서가 아니라, 하나님의 풍성한 사랑을 이미 받아서 누리고 있기 때문입니다.

| 새로운 작품 |

2016년 1월 1일, 새로운 작품이라는 의미를 담아서 교회의 이름을 '신작교회'로 변경했습니다. 목회 방향을 고민하고 기도하던 중 떠오른 이름이었습니다. 잊어버리지 않으려고 바로 냅킨에 적어 두었습니다. 하나님의 은혜로 '새 사람'이 된 성도의 정체성을 담은 이름이었습니다. 아울러 '새로운 작품'으로서의 삶을 결단하게 하는 이름이었습니다.

그런즉 누구든지 그리스도 안에 있으면 새로운 피조물이라 이전 것은 지나갔으니

보라 새것이 되었도다 _고후 5:17

그렇습니다. 그리스도 안에서 우리는 새로운 작품이 되었습니다. 그리고 새로운 작품이기 때문에 우리는 진리 안에서 새로운 삶을 추구하며 살아갑니다. 소금이기 때문에 소금이 짠 것처럼, 빛이기 때문에 빛이 빛나는 것처럼, 새로운 작품이 되었기 때문에 그렇게 살아가는 것입니다. 이것이 하나님의 은혜로 구원을 받은 우리의 정체성입니다. 그래서 지금도 종종 성도들과 이렇게 고백하곤 합니다.

"우리는 하나님의 새로운 작품입니다."

| 우리가 정말 우리일 수 있을까? |

슬프게도 우리는 신앙 공동체 안에서조차 관계의 어려움을 경험합니다. 서로의 연약함을 용납하지 못하고, 뒤에서 수군거리거나 심지어 왕따를 시키기도 하지요. 한편으로는 서로에게 인정과 섬김을 받기 위해 경쟁하거나 다투기도 합니다.

그 반대가 된다면 얼마나 좋을까요? 목사와 성도가 서로를 먼저 칭찬하고, 먼저 섬기고, 먼저 존중한다면 얼마나 아름다울까요? 완벽

하지 않아도, 때로는 실수하더라도, 서로를 용납하고 품을 수 있는 교회라면 얼마나 행복할까요?

개인적으로 건강에 자신이 없는 저로서는 성도들에게 걱정을 끼치는 목사가 되는 것이 싫었습니다. 저에게 있어서 목회자는 성도들에게 아버지와 같은 존재가 되어야 한다고 생각했기 때문입니다. 권위적인 존재로서가 아닌, 자식을 돌보고 책임진다는 의미에서 말입니다.

하지만 감추고 싶어도 감출 수 없고, 괜찮은 척해도 괜찮아 보이지 않는 날들이 점점 늘어 갔습니다. 그럼에도 성도들은 제 연약함으로 인해 시험에 들지 않았습니다. 오히려 저를 위해 기도해 주었습니다. 제가 마음 쓸까 봐 뒤에서만 조용히 걱정해 주었습니다. 때로는 아내를 통해 조용히 건강식품이나 음식을 전해 주고 가는 성도도 있었습니다.

사랑하는 후배 전도사님도 저에게 큰 힘이 되어 주었습니다. 주일 아침에 갑작스럽게 설교를 부탁해야 할 때가 있었는데, 어린 나이임에도 불구하고 너무나 잘 감당해 주었습니다. 온라인으로 그 모습을 지켜보는데 눈물이 났습니다. 당황스럽고 긴장도 되었을 텐데, 묵묵히 잘 견뎌 주었습니다. 물론 속으로는 저를 조금 원망했겠지만요.

지난 2022년, 여름 수련회를 앞두고 발에 통증이 심했습니다. 도저히 걸을 수가 없었습니다. 결국에는 지팡이를 짚은 상태로 1박 2일을 섬겨야 했습니다. 가만히 있는 성격이 아니라서, 처음에는 수영장을 설치하고 짐을 옮기는 일을 옆에서 거들었습니다. 하지만 걱정하는 성도들 때문에 나중에는 주로 방에 머물면서 조용히 기도만 했습니다.

그런데 저녁 집회를 앞두고 갑자기 아이들이 방에 들어왔습니다. 그러고는 제 성경책과 기타, 악보 등을 챙기기 시작했습니다. 아이들에게 이끌려 기도회를 시작했습니다. 그리고 그날, 성령님께서 주시는 힘으로 두 시간이 넘도록 기도회를 섬겼습니다.

우리가 정말 '우리'일 수 있을까요? 목회자는 성도를, 성도는 목회자를 긍휼히 여기고 품어 주는 것이 가능할까요? 가장 연약한 이에게도, 심지어 무거운 짐을 짊어지고 있을 때도 그럴 수 있을까요? 제 스승께서는 늘 "사람에게 연민을 가진 목사가 되어야 한다"라고 하셨습니다. 저는 목사뿐 아니라 모든 그리스도인이 그러하길 소망합니다. 그렇게 우리가 우리이길 소망합니다. 그리고 그런 우리가 더욱 많아지면 좋겠습니다.

쉬운 선택

"지금 섬기는 영혼들도 물론 귀하지만, 더 넓은 곳으로 오는 게 어때?"

어느덧 15년 차 담임 목사입니다. 그런데 거의 매년 청빙 제안을 받고 있습니다. 크고 작은 교회에서, 담임으로 또는 부목사로 청빙 연락을 주십니다. 한편으로는 감사한 일입니다. 저같이 부족한 사람을 불러 주시는 것만으로도 큰 영광입니다. 평소 존경하던 분들에게 인정받았다는 느낌에 기쁘기도 합니다. 하지만 한편으로는 자존심이 상합니다. 아무리 작은 교회라도 나름 담임 목사인데, 언제든지 마음만 먹으면 교회를 옮길 수 있다고 생각하신 것 같아서요.

사실은 그 반대입니다. 저에게는 우리 교회를 떠나는 일이 너무나도 어려운 일입니다. 아직 제가 할 일이 있기 때문입니다. 그리고 무엇보다, 지금 이곳에서 제가 너무나도 행복하기 때문입니다. 실제로 저는 그 어떤 중대형 교회 목사님들이 부럽지 않습니다. 사례비가 없어도 괜찮습니다. 지금의 성도들과 함께 살아 내는 하루하루가 저에게는 큰 감사입니다. 성도들을 위해 밥 한 끼 차릴 수 있어서 좋습니다. 하나님의 영광을 위해 한 팀이 되어 선교하고 봉사할 수 있어서 행복합니다.

교목실을 떠날 때도 같은 마음이었습니다. 담임 목사직을 내려놓을 수 없겠느냐는 제안이 있었지만, 제 결정은 단순했습니다. 인사 담당자는 당혹스러워하셨지만, 저는 오히려 담담했습니다.

"죄송합니다만, 지금은 교회를 떠날 수가 없습니다. 절차대로 진행해 주세요."

물론, 때로는 불안하고 막막할 때도 있습니다. 하지만 저는 지금이 좋습니다. 성도들과 함께 살아 내는 지금 이 자리가 저에게는 그 무엇보다도 소중합니다.

| 사랑에 으뜸인 교회 |

2024년 3월 7일, ㈜한국성서선교회 임원 회의에서는 저를 한일성서교회에 파송하기로 결의했습니다. 저 또한 기도로 준비한 후 감사한 마음으로 수락하였습니다. 이사장님은 당고개 예배당이 재개발되어 이주할 때, 강동 예배당을 함께 매각하여 이전하면 좋겠다고 하셨습니다. 생각지도 못한 일이었지만, 저와 성도들은 기쁨으로 순종했습니다.

한일성서교회는 제1대 담임 목사님께서 평생을 다 바쳐서 세우신 교회였습니다. 그런데 개척하신 목사님께서 돌아가신 후, 교회는 10년이 넘도록 여러 분쟁과 어려움을 겪었습니다. 그 결과 교회에는 성도들이 단 한 명도 남지 않았습니다. 그저 폐기물로 덮인 공간이 되고 말았습니다.

파송 결정이 나기 전부터 총무 목사님과 함께 한일성서교회의 어려움을 나누며 기도했습니다. 목사님과 함께 폐허가 된 예배당을 청소하러 가기도 했습니다. 버려진 예배당을 보는데, 마음이 아팠습니다. 물론 교회는 건물이 아니지만, 교회가 이렇게 되면 안 되는 것이었습니다.

그렇게 6월 23일에는 '신작교회'라는 이름으로 마지막 예배를 드렸습니다. 기념 촬영을 하는데 성도들이 많이 울었습니다. 저도 감정을 추스르기가 참 어려웠습니다. 그리고 6월 30일, 하나님의 은혜 가운데 많은 분의 격려와 축복을 받으며 담임 목사 취임 예배를 드렸습니다. 저 혼자만의 취임이 아니었습니다. 신작교회 성도들 모두가 한일성서교회 성도로 임명받은 것이었습니다.

파송 후 성도들과 첫 예배를 드리면서도 많이 울었습니다. 마치 무너진 예루살렘 성전을 보는 것 같았습니다. 하나님께 기도했습니다. 우리도 똑같은 죄를 범하여 교회를 무너뜨릴 수 있음을 인정하고, 하나님의 은혜와 자비를 구했습니다. 그리고 교회로 인해 상처받았던 분들을 방문하고 위로하였습니다. 그렇게 지역 사회를 품고 기도했습니다.

'한일성서교회'는 '대한민국에서 제일가는 교회'라는 의미를 담고 있습니다. 기도하며 생각했습니다. 대한민국에서 무엇에 으뜸이 되면 좋을까를 고민했습니다. 15년 전, 가정에서 개척했던 '사랑성서교회'를 생각했습니다. 그 무엇보다 사랑에 으뜸이 되고 싶었습니다. 하나님을 사랑하고 이웃을 사랑하는 일에 으뜸인 교회 말입니다.

여전히 이곳에는 분쟁의 요소가 남아 있습니다. 성도들은 당고개와 강동, 두 곳을 오가며 예배하고 있습니다. 당분간은 계속 이렇게 예배해야 합니다. 하지만 성도들은 기쁨으로 그 일들을 감당하고 있습니다. 우리를 파송하신 하나님의 분명한 뜻과 계획을 신뢰하기 때문입니다.

기다림은 내 것이 아니었습니다

아내에게 물었습니다.

"여보, 예전에 비해 요즘 내 모습은 어떤 것 같아?"
"음… 20대 때는 예레미야 같았고, 지금은… 모세?"

아내가 무슨 의미로 그렇게 말했는지는 잘 모르겠습니다. 하지만 제가 생각해도 제 모습이 예전과는 뭔가 달라진 것 같았습니다. 사실 개척하고 처음 몇 년 동안은 제가 성도들을 참고 기다린다고 생각했습니다. 성도들이 더 세워지기를, 성도들의 믿음이 자라기를, 성도들이 더 하나님을 알아 가기를 기다린다고 생각했습니다.

물론 지금도 그 마음은 여전합니다. 성도들이 더 세워지기를 원하고, 성도들의 믿음이 더 자라기를 원하며, 성도들이 하나님을 더 깊이 알아 가기를 원합니다. 그리고 그분 안에서 소망과 기쁨을 누리며 살아가기를 원합니다.

하지만 저만 기다린 것이 아니었습니다. 아니, 오히려 저를 기다려준 건 성도들이었습니다. 저의 인격이 더 다듬어지기를, 제 안에 사랑이 더 풍성해지기를, 제가 더 겸손해지기를 성도들이 정말 오랫동안 기다려 주었습니다. 그리고 하나님께서 그런 우리 모두를 오랫동안 인내하며 기다리셨습니다.

그렇습니다. 기다림은 제 것이 아니었습니다. 성도들의 것이었고, 하나님의 것이었습니다. 기다려 주신 모든 이에게 깊은 감사와 존경의 마음을 전하고 싶습니다. 덕분에 지금의 제가 있습니다. 덕분에 지금 이렇게 또 한 걸음 나아가고 있습니다.

Prep 07

헤아림의 현장

07
헤아림의 현장

| 커 피 쿠 폰 |

가끔 이런 생각이 들 때가 있습니다.

'하나님도 가만히 계시는데, 왜 우리가 더 호들갑일까?'

하나님은 판단하지 않으시는데, 오히려 괜찮다고 하시는데, 우리는 너무나 자주 서로를 정죄하고 판단합니다. 특히 주일 성수나 교회 봉사와 관련해서 더욱 그렇습니다. 왜 우리는 1년 내내 열심히 봉사하고 헌신했음에도, 어쩌다 한두 번 빠진 것 때문에 불편한 마음을 가져야 할까요? 왜 우리는 늘 죄책감에 시달리면서 신앙생활을 해야 할까요? 그런 문화와 정서가 우리 안에는 왜 그렇게도 많은 것일까요?

물론 신앙생활과 훈련에 있어서 주일 성수와 봉사는 매우 중요합니다. 하지만 여러 가지 이유로 지키기 어려울 때도 있습니다. 건강상의 이유로, 또는 직장이나 가정의 문제와 같이 어쩔 수 없는 사정으로 말이지요. 그렇다면 이분들은 정죄를 받아야 할까요? 아니면 긍휼히 여김과 존중을 받아야 할까요?

"목사님, 죄송합니다. 다음 주일에는 예배를 못 드릴 것 같습니다."

예배 후, 한 집사님이 말씀하셨습니다. 머리를 긁적이며 면목이 없다 하셨습니다. 저는 얼른 집사님의 손을 잡았습니다. 투박스럽고 거친, 고된 인생길을 살아 낸 위대하고 사랑스러운 손이었습니다. 무엇보다 하나님께서 사랑하시는 아들의 손이었습니다. 그 자리에서 저는 집사님을 축복했습니다.

"주일에 쉬지도 못하시고, 얼마나 노고가 많으십니까. 주님께서 집사님의 마음을 다 아십니다. 식사 거르지 마시고 잘 챙겨서 드시면 좋겠습니다."

집사님의 눈시울이 붉어졌습니다.

"감사합니다, 목사님. 다음 주일에는 꼭 참석하겠습니다!"

가끔은 아주 오랜만에 가족 여행을 떠나는 성도들도 있습니다. 하필이면(?) 교회 행사나 절기랑 겹칠 때도 있습니다. 하지만 저는 기꺼이 그렇게 하라고 합니다. 그리고 그곳에서도 하나님께서 주시는 은혜를 풍성하게 누리길 축복합니다. 커피나 치킨 쿠폰도 보내 줍니다. 너무 바쁘게 살아가느라 자신을 돌아볼 여유도 없었던 성도들, 가까운 곳에서 바람 한번 쐬지 못한 성도들에게도 때로는 육신의 휴식이 너무나 필요하니까요. 무엇보다 저는 한 번의 결석이나 참석보다 그의 삶 전체를 이끄시는 하나님을 신뢰하니까요.

"혹 멋진 풍경이라도 찍으면, 단체 대화방에 올려 주세요."

분명한 것은, 그렇다고 성도들이 주일 예배나 봉사를 가볍게 여기지 않는다는 것입니다. 오히려 성도들은 더 자발적으로, 기쁨으로 나옵니다. 신앙생활은 의무보다는 하나님을 향한 사랑과 경외심에서 비롯되는 것이니까요. 그래서 저는 "얼마나 고생이 많으세요"라는 공감의 한마디가 더 좋습니다. 보통은 그런 말조차도 필요 없습니다. 많은 말을 하지 않아도, 이미 마음이 전해졌기 때문입니다.

저는 우리를 향한 하나님의 사랑을 신뢰합니다. 언제 어디에서나, 세상 끝 날까지 아버지 하나님께서 성도들을 인도하시고 보호하실 줄 믿습니다. 한 주 빠진다고 해서 불안해하거나 정죄하지 않는 이유입니다. 행사나 절기 때, 빈자리가 많아도 불편하지 않은 이유입니다. 그저 그렇게 성도들의 삶을 헤아리며 긴 시간을 호흡하고 싶습니다.

먹고 놀면서도 자랍니다

태어난 아기가 자라는 것처럼, 하나님의 은혜로 생명을 얻은 성도들은 날마다 성장합니다. 하지만 예배와 기도회, 성경 공부를 통해서만 자라는 것은 아니지요. 친교를 통해서도 성도들은 신앙의 성숙을 경험합니다. 한마디로 '먹고 놀면서'도 자란다는 것입니다.

그래서 우리는 '가치 한 끼'라는 모임을 만들었습니다. 서로의 가정을 돌아가면서 방문하고 배달 음식으로 한 끼 먹는 것입니다. 배달 음식을 먹는 이유는 준비하는 가정의 부담을 줄이기 위해서입니다. 사다리 타기를 해서 각자 선정된 메뉴를 주문하는데, 은근히 긴장도 되고 재미있습니다. 이 외에도 여성들을 위한 '샤이니 데이', 남성들을 위한 '멘스 데이'도 있습니다. 이것도 역시 '먹고 노는 모임'입니다.

금요일에도 성도들은 기도회 한 시간 전부터 모입니다. 그리고 함께 음식을 먹으며 교제를 나눕니다. 처음에는 제가 샌드위치 등을 간단히 만들어서 대접했습니다. 최근에는 다른 음식들이 많아서 빵과 컵라면 정도만 준비합니다. 특히나 권사님의 요리가 인기 만점입니다. 그래서인지 금요일마다 오는 권사님의 연락이 그렇게 반가울 수가 없습니다.

"목사님, 오늘은 제가 된장찌개를 좀 끓여 가겠습니다."

"그럼, 저는 밥을 해 놓겠습니다."

"(웃으며) 목사님께 금요일마다 숙제를 드리네요."

"(함께 웃으며) 밥만 하는 건데요. 언제든 말씀하세요."

함께 음식을 먹으며 서로의 이야기를 나눕니다. 그렇게 서로의 삶을 헤아립니다. 덕분에 더 깊은 기도의 자리로, 섬김과 사랑의 길로 나아갑니다.

사실 건강한 신앙 공동체를 세워 가는 과정에서 이러한 사귐은 대단히 중요합니다. 예수님께서도 이것을 중요하게 여기셨습니다. 오죽하면 유대인들이 예수님에 대하여 "먹기를 탐하고 포도주를 즐기는 사람이요 세리와 죄인의 친구"(눅 7:34)라고 수군거렸을까요.

실제로 저는 '먹고 노는 시간'을 통해 성도들이 삶의 짐을 내려놓는 것을 봅니다. 그렇게 서로를 위로하고 격려하면서 다시 일어서는 모습을 봅니다. 카페에서 몇 시간 동안 수다를 떨고, 같이 울고 웃는 그 시간만으로도 다시 일어설 힘을 얻는다는 사실이 그저 놀랍습니다. 다만 저는 아래 몇 가지는 당부합니다.

첫째, 뒷담화 금지.
둘째, 집이나 자동차, 명품 자랑 금지.
셋째, 예수님께서 함께하심을 기억하기.

| 인스턴트커피가 잘 어울리는 남자 |

성도들은 저의 교육적 권위를 존중하면서도, 동시에 친근하게 대해 줍니다. 몸에 쿠션(?)이 많아서 그런지, 영아부 아가들도 유독 제 품에서 잘 잡니다. 거리낌 없이 목양실을 드나드는 아이들이 사랑스럽습니다. 저와 아내를 좋아하는 성도들이 있어서 행복합니다.

저 또한 성도들과 함께하는 시간이 좋습니다. "보고 싶다"라는 한마디에 이미 집을 나서고 있는 제 모습을 발견합니다. 앞으로도 저는 푸근한 삼촌, 그리고 동네 아저씨같이 편한 목사로 살고 싶습니다. 고급 원두커피뿐 아니라 인스턴트커피도 잘 마시는 그런 사람 말입니다.

| 1 퍼센트 |

전도사 시절부터 지금까지 당고개 지역에서만 약 20년을 사역했습

니다. 지나고 보면 모든 게 하나님의 은혜였습니다. 무엇보다 감사한 것은, 이곳에서 많은 영혼을 섬길 수 있었다는 것입니다. 물론 재개발 지역이라 대부분은 정착하지 못하고 떠났지만, 그분들과 함께 울고 웃었던 순간이 많았습니다.

매일 같이 축구하던, 라면 끓여 달라며 찾아오던 아이들, 제 속을 완전히 다 뒤집어 놓았던 중2병 아이들, 교통사고로 잃은 아들을 그리워하며 눈물짓던 한 집사님과 제 손을 붙잡고 계단을 오르시던 노년의 권사님, 큰 글씨로 '예수는 그리스도'라고 적힌 종이 한 장 붙들고 세례까지 받으셨던 홀몸 어르신, 그 외에도 스쳐 갔던 모든 이들이 생각납니다. 그래서인지 지금도 가끔 연락하거나 찾아오는 이들이 있습니다.

지금 당고개 지역에는 아이들이 별로 없습니다. 모든 재개발 지역이 그렇듯, 이곳은 점점 쓸쓸한 땅이 되어 가고 있습니다. 현재 저희 교회는 주일학교 포함 약 40명의 성도가 모이고 있는데, 대부분 양주와 의정부 지역에 거주하고 계신 분들이 출석하고 있습니다. 그만큼 이곳은 '정착'과는 거리가 멀어, 한 영혼이 너무나도 소중한 지역입니다.

그런데 이곳에서도 하나님께서는 택하시고 계획하신 일을 이루십니다. 하나님의 섭리 가운데 한 영혼을 인도하시고, 만나게 하시며, 자라게 하십니다. 지금 제 곁에서 든든한 동역자로 함께하고 있는 한 청년이 그렇습니다. 고등학생 때 축구 전도를 통해 교회에 오게 되었는데, 어느덧 교회의 터줏대감이 되었습니다.

"정신을 차려 보니까 제가 교회를 다니고 있더라고요."

그렇습니다. 그저 같이 축구하며 놀았을 뿐인데, 점점 믿음이 자라서 세례를 받고 봉사도 하며 교회를 섬기고 있습니다. 그렇게 벌써 12년 차 신앙인이 되었지요. 사실 우리 교회는 제가 몇 주 빠져도 큰 어려움이 없습니다. 하지만 이 청년이 없으면 문제가 생깁니다.

이 청년의 신앙 여정이 처음부터 순탄했던 건 아니었습니다. 사랑하는 할머니의 반대가 있었거든요. 그러니 다른 친구들처럼 자유롭게 교회를 다닐 수 없었습니다. 몰래 나오거나 때로는 서둘러서 돌아가야 했습니다. 하지만 하나님의 은혜로, 그 누구보다 성실하게 신앙을 지켜 냈습니다. 할머님과 부모님을 잘 모시면서 말이지요.

그렇게 대학에 입학했을 때도, 군 복무 중에도, 어머님이 병상에 누워 계실 때도, 신앙 안에서 묵묵히 걸어갔습니다. 군 복무 중에는 오히려 저를 위로하며 이렇게 편지를 써 준 적이 있습니다.

> "목사님, 걱정하지 마세요. 군 생활 마치고도 저는 교회를 떠나지 않을 거예요."

그 속 깊은 한마디에 목사인 제가 큰 위로를 받았습니다. 군 복무 중인 아이가 밖에 있는 목사를 걱정해 주는데, 어떻게 힘이 나지 않을 수가 있겠습니까?

사실 이 청년이 소중한 1퍼센트인 이유는 단순히 수학적 계산 때문만은 아닙니다. 그의 영혼을 이끄신 하나님의 섬세한 손길을 알기 때문입니다. 우연처럼 보이는 그 일들을 통해 하나님은 당신의 양을 찾으십니다. 그리고 절대로 잃어버리거나 빼앗기지 않으십니다. 저는 그 소중한 1퍼센트를 찾으시고 끝까지 보호하시는 하나님을 신뢰합니다.

| 아픈 만큼 더 사랑합니다 |

교회가 작아서 좋은 점이 있다면, 성도들의 형편이나 기도 제목을

거의 다 알 수 있다는 것입니다. 사실, 아프지 않은 성도가 없습니다. 성도 대부분이 건강 문제로 어려움을 겪고 있거나 자녀와 물질 문제 등으로 고민하고 있습니다. 때로는 그 모든 게 목회자인 저의 부족함 때문인 것 같습니다. 아닌 줄 알면서도 괜히 그런 마음이 듭니다.

하지만 아프지 않은 사람이 어디에 있겠습니까. 약속의 땅에 들어가기까지, 목이 마르고 배가 고픈 것이 어쩌면 당연한지도 모르겠습니다. 하지만 놀라운 건, 그 아픔을 통해 하나님께서 일하신다는 것입니다. 그 결핍과 상처를 통해 더 사랑하게 하신다는 것입니다.

"하나님께서 저에게 두 번째 생명을 주셨어요"라고 고백하는 한 집사님이 계십니다. 오랜 시간 병마와 싸웠던 지난날을 회상하며 이렇게 감사의 고백을 하시는 겁니다. 물론 그 이후에도 암 진단과 교통사고 등으로 몸과 마음에 성한 데가 없지만, 누구보다 밝은 믿음으로 여전히 승리하고 계십니다. 병실의 다른 환자들이 집사님을 암 환자로 생각하지 않을 정도로요.

또 다른 한 성도는 수술을 앞두고서 여러 건강 수치들이 회복되기를 간절히 기도했습니다. 하지만 회복의 기미가 보이지 않았습니다. 오히려 상황은 점점 더 나빠졌습니다. 수술 전날까지도 우리가 할 수 있는 일은 함께 울며 기도하는 것뿐이었습니다. 그런데 놀라운 일이 벌어졌습니다. 수술 당일 오전에, 수술이 가능할 정도의 수치로 건강이 회복된 것입니다. 누군가는 우연이라고 생각할지도 모릅니다. 그러나 우리는 기도를 들으시고 역사하시는 하나님을 예배합니다.

그 외에도 너무나 많은 치유와 회복을 경험하고 있습니다. 아픈 만큼 은혜가 큽니다. 어려운 만큼 주님의 도우심을 자주 누립니다. 하나님과 동행하기 때문입니다. 하나님은 고통 가운데 있는 자녀들을 혼자 두지 않으셨습니다. 가장 좋은 때에, 가장 완벽한 방법으로 도우시고 인도하셨습니다. 그렇게 하나님을 신뢰하는 법을 가르쳐 주시고, 이전에 비해 덜 당황하는 믿음을 갖게 하십니다.

요란스럽지 않게, 묵묵히 서로의 곁을 지켜 주는 성도들이 자랑스럽습니다. 아픔을 이겨 내고, 아픔을 품어 주는 그 모습이 너무나도 사랑스럽습니다.

여전히 우리 교회에는 연약한 성도들이 많습니다. 평소 씩씩하던 분들도 목사 앞에서는 웁니다. 저는 눈물을 담아 하늘 아버지께 나아갈 뿐입니다. 그러면 아버지께서 기억하십니다. 우리의 눈물을 다 세십니다. 평소에는 괜찮다가도 교회만 오면 다리를 저는 어르신도 있었습니다. 괜찮습니다. 그 모습조차 사랑스럽습니다. 세상에서 받지 못한 위로를, 주님 안에서 다 받아 누리시면 좋겠습니다.

| 우리 교회, 너희 교회? |

제가 신뢰하는 한 목사님이 계십니다. 가까이에서 늘 저에게 큰 힘을 주는 분이시죠. 하루는 목사님께 전화가 왔습니다. 여느 때처럼 일상적인 대화를 나누었습니다. 그러다 갑자기 목사님이 매우 조심스럽게 말씀하셨습니다.

> "목사님, 조금 전에 목사님 교회의 성도님 가정과 만나서 밥을 먹었는데요. 말씀을 드려야 할 것 같아서요."

목사님의 성품에 고개를 숙였습니다. 사실 한국 교회 안에서 다른 교회에 출석하는 성도를 만난다는 것이 얼마나 조심스러운 것인지를 알기 때문입니다. 하지만 저는 아무렇지도 않았습니다. 오히려 너무 조심스럽게 말씀하셔서 당황했습니다.

> "목사님, 괜찮습니다. 아니, 오히려 감사합니다. 제가 하지 못하는 부분까지 챙겨 주셔서요."

저는 우리가 다 한 그리스도의 몸 된 교회임을 믿습니다. 하지만 입술의 고백만으로 끝나지 않으려면, 진리 안에 거하려는 몸부림이 필요합니다. 저는 우리 교회 성도가 그 목사님과 함께 교제해서 감사했습니다. 바울과 함께 있든, 베드로와 함께 있든, 주님 안에서는 별 상관이 없습니다. 우리는 모두 주 안에서 한 교회인걸요.

정말 그렇습니다. 때로 우리는 눈에 보이는 교회에 집중하느라 그리스도의 우주적 교회를 잊어버립니다. 그래서 성도를 두고 싸우기도 합니다. 하지만 성도는 소유물이 아닙니다. '내 성도', '네 성도'가 아닌 하나님의 자녀입니다. '우리 교회', '너희 교회'가 아닌 그리스도의 몸 된 교회입니다.

그래서 우리 교회는 설교자로 목사님을 초청할 때, 단순히 강사를 모셨다고 생각하지 않습니다. 교회와 교회의 연합 예배로 여깁니다. 나아가 지속적인 교제와 연합을 위해 노력하고 또 기도합니다. 우리 모두 주 안에서 한 교회이기 때문입니다. 염려하는 마음, 성도를 소유로 여기는 마음으로는 연합을 이룰 수 없습니다.

실제적인 연합, 즉 시간과 물질 그리고 공간을 공유할 수 있는 연합은 믿음으로만 가능합니다. 너무 이상적인 이야기일 수도 있지만,

앞으로도 그러한 방향성을 가지고 나아가려 합니다. 정착하고 유지하는 정적인 교회에서 벗어나, 복음을 위해 생동하며 움직이는 교회와 성도로 살아가고 싶습니다.

| 종착역 |

최근에는 노선이 연장되었지만, 얼마 전까지만 해도 당고개는 4호선의 종착역이었습니다. 그래서인지 노숙인이나 알코올 중독자, 그리고 가출 청소년들이 예배당에 자주 들어왔습니다. 말 그대로 정처 없이 떠돌다가 종착역에서 예배당 불빛만 보고 들어오는 겁니다.

정말이지 다양한 분들이 찾아옵니다. 다짜고짜 돈을 달라고 하시는 분도 있고, 상담을 원하는 분도 있습니다. 심지어 어떤 여성분은 몸의 흉터를 만져 달라며 옷을 벗으려고도 했었습니다. 그럴 때는 다급하게 말리며 정중하게 거절합니다.

제가 할 수 있는 일은 그분들의 이야기에 공감하고, 할 수 있는 만큼의 도움을 드리는 것입니다. 보통은 라면을 끓여 드리거나 옷이나 양말, 점퍼와 같은 방한용품을 나눠 드리곤 했습니다. 필요한 경우에는 일부 금전적 도움을 드리기도 했습니다. 단, 술 냄새가 진동하는 분에게는 가급적 돈을 드리지 않았습니다. 그 돈으로 또 술을 사 드시기 때문입니다. 그래서 당장 드실 수 있는 음식을 챙겨 드렸습니다.

하지만 청소년들의 경우는 조금 달랐습니다. 대개, 부모의 폭행으로 도망쳐 온 아이들이 많았습니다. 아르바이트비를 받지 못해서 며칠을 굶다가 오는 아이도 있었습니다. 이런 아이들에게는 잠시나마 쉴 곳이 필요합니다. 그래서 때로는 옥탑에서, 때로는 찜질방에서 아이들을 쉬게 했습니다. 지갑의 돈을 꺼내 주어야 할 때도 많았습니다. 굳이 세어 볼 필요도 없었습니다. 마지막 남은 전 재산을, 그냥 있는 대로 주었습니다. 물론 가끔은 거짓말을 하는 아이도 있었을 겁니다. 하지만 정처 없이 방황하다가 막차를 타고 내린 아이에게 때로는 속아 주는 어른도 필요하지 않을까요?

사실 복지 시설이나 전문가를 통해 도움을 주고 싶었습니다. 하지만 아이들, 특히 가정 폭력을 당한 아이들은 부모로부터의 철저한 분리와 보호를 받아야 하는데, 현실은 그렇지가 못했습니다. 심지어 폭행한 부모에게 기관이 먼저 연락하는 경우도 있었습니다. 그러면 아이들은 지옥보다 끔찍한 그 폭행의 현장으로 되돌아가야 합니다. 그래서인지 아이들은 복지 시설로의 인계를 원하지 않았습니다.

물론 종착역에서 만난 이들에게 갑질을 당하는 경우도 있었습니다. 마치 그간에 쌓인 모든 분노를 교회에 쏟아 내는 것 같았지요. 계단에 대소변을 보거나, 당연하다는 듯 돈을 요구하는 경우도 많았습니다. 원하는 대로 되지 않으면 물건을 집어 던지거나 쓰레기통을 엎어 놓기도 했습니다. 그럴 때는 조금 허탈했습니다. 사람인지라 화도 났습니다. 하지만 주님께서 그런 저의 마음을 어루만지셨습니다. 그리고 이내 평안을 찾게 하셨습니다.

몇 년 전부터 찾아오는 이들이 줄었습니다. 4호선은 연장되었고, 주변 환경도 많이 변했으니까요. 방음 때문에 리모델링하면서 창문이

가려진 것도 이유일 겁니다. 하지만 지금도 종종 교회의 문을 두드리는 분들이 있습니다. 물론 제가 할 수 있는 일은 여전히 많지 않습니다. 끝까지 함께할 수 없는 경우가 대부분이고요. 그럼에도, 저는 종착역에서 서성이는 누군가에게 잠시나마 따스한 온기를 나누는 사람이고 싶습니다.

| 은밀한 접선 |

"목사님이시죠?"

"네, 맞습니다."

"배가 고파서 그러는데, 조금만 도와주실 수 있으신가요?"

가끔 노숙인이나 도움이 필요한 분들에게서 전화가 옵니다. 특히 겨울에 더욱 그렇습니다. 그러면 얼른 달려가서 따뜻한 차 한 잔과 음식을 대접해 드립니다. 하지만 제가 찾아갈 수 없는 경우이거나, 상대방이 만나기를 원하지 않는 경우에는 접선 장소(?)를 통해 도움을 드립니다.

상황에 따라 조금씩 달랐지만, 접선은 보통 예배당 입구에서 이루어졌습니다. 저와 성도들은 그곳을 통해 패딩을 비롯한 방한용품이나 즉석식품과 컵라면, 건빵 등을 전달했습니다. 조리가 가능하신 분께는 쌀과 반찬을 나눠 드리기도 했습니다. 복음의 메시지를 담은 쪽지나 명함도 잊지 않고 전했습니다.

우리의 접선 소식을 듣고서 나눔에 동참하시는 분들도 조금씩 늘어났습니다. 신혼여행 때 입었던 커플 잠바를 보내 주시거나, 양말이나 장갑 등을 사 오신 분들도 있었습니다. 넉넉한 형편이 아님에도, 모두가 기쁨으로 동참해 주셨습니다.

파주에 계시는 한 목사님은 아동복과 내의 수백 벌을 보내 주셨습니다. 남양주에 계시는 목사님께서도 스카프를 보내 주셨습니다. 신기하게도 두 교회 모두 이름이 '함께하는교회'입니다. 이름 그대로, 어려운 이웃과 함께하는 교회입니다. 내의와 스카프는 주변 교회와 해외 선교지에 나눠 드렸습니다. 물건을 분류하고 포장하는 일은 삼남매가 도와주었습니다. 수백 벌을 정리하는 데 꼬박 하루가 걸렸습니다. 그러던 어느 날, 반가운 문자가 왔습니다.

"목사님, 저 취업했습니다."
"아, 정말요? 진심으로 축하드립니다! 너무 잘되셨네요."

노숙인 중 한 분이었는데, 공장에 취업했다며 연락을 주신 겁니다. 교통비라도 드리고 싶었지만, 정말이지 그때는 계좌에 잔액이 한 푼도 없었습니다. 통화 후 잠시 기도했습니다. 무엇보다 주님께서 만나 주시고 함께하시길 소망하면서요.

물론 이러한 구제와 나눔이 우리 교회의 주된 사역은 아닙니다. 하지만 하나님께서는 그것을 귀하게 여기셨습니다. 그리고 여전히 여러 손길을 통해 아름다운 이야기를 이루어 가십니다. 작은 교회, 은밀한 접선을 통해서도 일하시는 하나님을 찬송합니다.

| 쌀쌀한 이야기 |

최근 전도회 모임이 활성화되면서 주일에 먹을 쌀을 전도회가 준비하기 시작했습니다. 그러던 어느 날, 쌀이 떨어졌습니다. 저는 늘 그랬던 것처럼, 집에 있는 쌀을 퍼다가 채워 놓았습니다. 얼마 전까지만 해도 교회의 쌀은 제가 신경을 썼기 때문에 이상한 일도 아니었습니다. 그런데 어느 날, 전도회 회장님에게서 메시지가 왔습니다.

"목사님, 저희가 목사님 가정에 쌀을 보내 드리려고 합니다. 지난번에 목사님이 교회 쌀을 채우셨다고 해서요."

쌀의 출처를 궁금해하다가 알게 된 것 같았습니다. 저는 깜짝 놀라서 전화를 했습니다. 그리고 그 쌀은 하나님께 드린 것이니 보내지 않으셔도 된다고 했습니다. 그런데도 회장님은 마음이 편하지 않다고 하셨습니다.

"정 그러시면, 그 쌀을 아무개 집사님 댁에 보내 드리면 어떨까요? 도움이 되실 것 같습니다."
"네. 그럼, 그렇게 하겠습니다."

그렇게 해서 쌀은 제가 아닌 다른 집사님께 전달되었습니다.

평소에도 종종 쌀을 보내 주시는 분들이 계십니다. 그러면 지역의 홀몸 어르신이나 어려운 이웃들에게 먼저 쌀을 전달합니다. 가끔은 교회 안의 어려운 성도들에게도 나눕니다. 신기하게도 그때마다 자주 이런 말을 듣습니다.

"오늘 딱, 쌀이 다 떨어졌었는데, 정말 감사해요."

그럴 때마다 어릴 적의 경험이 생각납니다. 언제나 정확하게 채워 주시던 하나님의 손길 말입니다. 쌀로 시작해서 쌀로 끝나는 이 쌀쌀한 이야기에도, 우리를 위해 쉬지 않고 일하시는 하나님의 신실하심이 가득합니다.

헌금 봉투

지난 2021년, 한 홀몸 어르신께서 세례를 받으셨습니다. 그런데 어르신께서 갑자기 오만 원권 수십 장을 건네시면서 헌금으로 내 달라고 하셨습니다(글을 모르셨기 때문에 저에게 대신 부탁하신 겁니다). 생활이 넉넉하지 못한 분이었습니다. 아들과도 연락이 닿지 않으셨고요. 아마 절에 다니시던 기억 때문에 무언가 정성을 표시해야 한다고 생각하셨던 것 같습니다.

저는 어르신의 마음이 다치지 않으시도록, 자존심 상하지 않으시도록 매우 조심스럽게 말씀을 드렸습니다.

"어르신, 감사한 마음을 이렇게 표현하시는 게 참 귀하십니다. 하지만 이 많은 돈을 다 헌금하지 않으셔도 괜찮습니다. 하나님께서는 이미 어르신의 마음을 다 받으셨습니다."

그러고는 그중 한 장을 받아서 헌금 봉투에 담았습니다. 그 어떤 부자의 헌금보다 크고 귀한 것이었습니다.

권사와 안수 집사를 임명했을 때도 비슷한 일이 있었습니다. 어디에서 듣고 오셨는지 거액의 헌금을 준비하려고 하셨습니다. 하지만 성도들의 생활 형편을 누구보다 잘 알기에, 그렇게 하지 않으시도록 만류했습니다. 그럼에도 교회를 위해 무언가 하고 싶다고 하셔서 20만 원 비용으로 간판 시트지를 교체했습니다.

물론 성도들이 돈으로 직분을 사려고 하거나, 헌금으로 인정을 받으려고 하는 것은 아닙니다. 감사하게도 우리 공동체 안에는 그런 일들이 거의 없습니다. 다만 성도들의 삶을 헤아리려 합니다. 교회의 거룩함을 지키려 합니다. 하지만 그럼에도 제가 막을 수 없는 헌금도 있습니다.

하루는 뇌경색으로 불편함을 겪고 계시는 고령의 집사님을 찾아뵈었습니다. 교제를 나눈 후 기도하고 일어서는데, 집사님께서 힘겹게 몸을 일으키시더니 5만 원 한 장을 건네셨습니다.

"목사님, 제가 가진 게 이것뿐입니다."

사실 저희 교회는 원래 심방 헌금을 하지 않습니다. 게다가 집사님은 질병 때문에 최근 일을 하지 못하고 계셨습니다. 도저히 받을 수 없었습니다. 하지만 지난 몇 개월 동안 한 번도 헌금을 하지 못하셨다면서, 이것만큼은 꼭 드리고 싶다 하셨습니다. 평생 십일조와 감사 헌금을 지켜 오셨던 분이었습니다. 퇴직금의 십일조까지 아낌없이 드리셨던 분이셨습니다. 집사님의 눈에서 하나님을 향한 경외심을 보았습니다. 감히 거절할 수 없었습니다.

"아버지, 제 마음 아시지요."

노년의 한 집사님께서 헌금 봉투에 남긴 고백이었습니다. 10년이 지나도록 집사님의 고백을 붙들고 기도했습니다. 불안과 염려로 잠을 이루지 못하는 집사님을 주님께서 어루만지시길 축복했습니다. 그 가정이 하나님 나라가 되길 기도했습니다. 그렇게 때로는 아들처럼 집사님을 모셨습니다. 얼마 전 집사님은 주님 품에 안기셨습니다. 이제는 아내 되시는 집사님을 하나님께서 허락하실 때까지 모시려고 합니다.

한 전도사님은 결혼식 주례 사례금을 제가 거절하자, 그것을 그대로 헌금함에 드렸습니다. 담임 목사의 말을 얼마나 안 듣는지 모릅니다. 어떻게 하면 그 예물이 조금 더 복되게 쓰일 수 있을까 고민했습니다. 기도한 끝에 교회 재정을 조금 더 보태서 아이들을 위한 전자드럼을 사야겠다고 생각했습니다. 그때 은평구에 계시는 어떤 목사님께서 중고 드럼을 페이스북에 올리셨습니다. 조금 무리하면 충분히 감당할 수 있는 금액이었습니다. 그렇게 교회에 전자 드럼이 생겼습니다. 덕분에 아이들이 드럼을 배우며 예배를 섬기게 되었습니다.

한 성도는 이직 후 받은 첫 월급을 온전히 하나님께 드렸습니다. 기쁨으로 자원하여 그렇게 했습니다. 놀라운 일이었습니다. 액수 때문이 아니라 하나님을 향한 신뢰와 경외심을 느꼈기 때문입니다. 정말이지 요즘 시대에는 보기 힘든 믿음입니다. 지금은 함께 신앙생활을 하지 않지만, 자주 생각이 납니다. 주님 안에서 하늘과 땅의 복을 다 누렸으면 좋겠습니다.

헌금은 이론으로는 다 설명할 수 없습니다. 성도들의 믿음이고 눈물이며, 간절한 소망입니다. 성도들이 드린 헌금 봉투는 일반 봉투와는 그 의미가 전혀 다릅니다. 성도들이 어떤 형편 가운데에서 그것을 드리는지 저는 잘 알고 있습니다. 때로는 왜 드리지 못하는지도 압니다. 성도들의 헌금에 제 눈물을 적시는 이유입니다. 그래서 헌금을 함부로 사용할 수 없습니다. 강요할 수도 없습니다. 재정이 어렵다고 성도들을 뒤흔드는 일도 할 수 없습니다. 교회는 하나님께서 책임지십니다. 돈은 하나님이 아닙니다. 저는 하나님의 거룩하심을 드러내고 싶습니다.

| 마을을 섬기는 교회 |

제가 섬기는 목회 현장에서는 신학적 용어로 인해 청중들의 마음이 간혹 닫힐 때가 있습니다. 그래서 신학 용어나 히브리어와 헬라어 등은 최대한 책상에서만 사용합니다. 일단은 어르신들 귀에 들려야 하니까요.

강대상에서 내려와서는 가급적 경청하고 공감하는 입장이 되려고 노력합니다. 제가 모든 분야를 다 알지도 못할뿐더러, 모든 것을 가르치려는 목사는 되고 싶지는 않았으니까요. 대신 성도들과 함께 삶을 살아 내고 싶었습니다. 아이들을 축복하고, 마을 사람들과 함께 소박한 삶을 살아 내는 영화 속 랍비들의 모습처럼 말입니다.

무엇보다도 저는 마을을 섬기고 싶었습니다. 한때는 사람들로 붐비던 시장이 지금은 지나가는 사람 구경하기도 힘든 곳이 되어 버렸습니다. 20년 가까이 논의되고 있는 재개발 때문에 이러지도 저러지도 못하는 상인들도 많습니다. 가게 앞을 지날 때마다 축복하며 기도했습니다. 스치는 모든 분을 위해서 기도하는 것, 그것이 제 일이라고 생각했습니다. 무더운 여름에는 아이스크림과 음료를, 겨울에는 핫팩을 나눠 드렸습니다. 일부러 현금을 가지고 다니면서 김이나 과일을 구매하며 안부를 묻기도 했습니다. 정기적으로 쌀과 컵라면 등을 나누기도 했는데, 나중에는 리스텝 미니스트리 사역을 통해 더 많은 지역 봉사도 감당하게 되었습니다.

특별히 전도할 목적으로 방문하지는 않았습니다. 제가 목사임을 대부분 아시니까요. 손을 잡아 드리거나 고개 숙여 인사하는 것만으로 충분했습니다. 교회에 나오신다는 분도 계셨고, 실제로 나오신 분도 있습니다. 헌금을 하고 싶다며 봉투를 주신 사장님도 있었습니다. 간곡히 부탁하셔서 받을 수밖에 없었지만, 기도 후에 필요한 이웃에게 전달했습니다.

토요일에는 지역 아이들을 대상으로 우쿨렐레나 미술 강의 등을 열었습니다. 이 작은 강좌를 위해 뮤직앤기타의 선생님들이 도와주셨습니다. 한국성서대학교 학생들도 기쁨으로 섬겨 주었습니다. 아이들에게 줄 사탕과 간식도 잊지 않고 채워 놓았습니다. 때로는 저의 수 많은 설교보다 사탕 하나가 아이들의 마음을 열어 주기도 하니까요.

그렇게 만난 아이 중 몇 명이 주일학교에 등록했습니다. 그리고 그 아이들을 통해 가족이 주일 예배에 출석하기도 했습니다. 한 권사님께서도 그렇게 교회에 등록하셨고, 지금까지도 저의 기도 동역자로, 금요일 식사 준비로 함께하고 계십니다.

물론 아이들 대부분은 행사가 끝나면 연락이 되지 않습니다. 하지만 당장 교회에 등록하지 않아도 괜찮습니다. 처음으로 예배당에 발을 디딘 것만으로도, 교회에서 따뜻한 기억을 갖게 된 것만으로도 감사했습니다. 아이들이 힘들고 어려울 때 하나님을 찾을 수 있으면 좋겠습니다. 아니, 하나님께서 아이들을 놓지 않으시고 항상 함께해 주시길 기도합니다.

| 성경 1독 프로젝트 |

코로나19로 인해 교회 모임이 어려웠습니다. 감사하게도 온라인 예배는 드릴 수 있었지만, 서로를 끌어안고 격려할 수 없다는 것이 너무나 아쉬웠습니다. 특히 몸과 마음이 연약한 분들에게는 공동체의 손길이 너무나 간절했습니다. 그래서 저는 최대한 자주 심방을 다녔

습니다. 특히 연로하신 분들에게는 더욱 그렇게 했습니다.

당시 저는 학교에서 교목으로도 섬기고 있었습니다. 피곤하긴 했지만, 퇴근 후에 심방 가는 길이 귀하고 감사했습니다. 옆에 있던 후배 전도사님도 시간이 있을 때마다 저와 동행했습니다. 어떤 날에는 약속이 있었는데도, 충분히 시간이 된다면서 따라나섰습니다. 심방을 마친 후에는 정말이지 녹초가 되었습니다. 당시 다리가 불편했던 저에게 대중교통으로의 이동은 쉽지 않았습니다. 전도사님도 반대편에서 꾸벅꾸벅 졸았습니다. 미안한 마음에 혼자 다니고 싶었지만, 전도사님의 마음을 알기에 그냥 두었습니다.

하지만 심방으로도 채울 수 없는 게 있었습니다. 바로 말씀의 기근이었습니다. 말씀 카드나 기도 카드를 만들어서 온라인으로 공유하긴 했지만, 그것으로는 부족했습니다. 성도들뿐 아니라 신학생 중에도 성경을 읽지 않는 경우가 많았습니다. 팬데믹 상황이 언제 끝날지 알 수 없는 상황에서 그저 구경만 할 수는 없었습니다.

그렇게 2021년도에 이름도 거창한 "성경 1독 프로젝트"를 시작하게 되었습니다. 말 그대로 1년에 성경 1독을 하기 위한 온라인 프로젝트입니다. 방법은 간단합니다. 하루 약 20분씩 영상을 보면서 함께 성경을 읽는 것입니다.

하지만 매일 1시간씩 영상을 편집하여 업로드하는 것이 쉬운 일은 아니었습니다. 당시 제 하루 일정을 생각하면, 무언가 일을 더 늘린 다는 건 도저히 불가능했기 때문입니다. 하지만 꼭 해야 하는 일이라고 생각했습니다. 그래서 일단 시작했습니다. 그렇게 쉬는 시간을 쪼개어 촬영하고 편집했습니다.

일단 성경을 읽는 것이 목적이었습니다. 그래서 신학적인 내용이나 묵상은 최소화하고, 읽는 것에 집중했습니다. 그리고 교회 성도들과 필요한 학생들에게도 영상을 보내 주었습니다. 비록 많지는 않았지만, 참여자도 조금씩 늘었습니다. 경험을 살려서 학교 경건 훈련 미이수자를 위한 성경 통독 프로그램을 진행하기도 했습니다.

그렇게 시작한 온라인 성경 읽기는 5년이 지난 지금까지도 이어지고 있습니다. 물론 저의 건강이나 일정 등의 이유로 때로는 쉬거나 늦게 올리는 경우도 있지만, 가능하면 꾸준히 올려 드리려고 합니다. 해외 일정이 있을 때는 몇 주 분량을 미리 촬영합니다. 어떤 때는 너무 피곤해서 촬영 중에 졸 때도 있습니다. 그래서인지 가끔은 이런 고민도 했습니다.

'더 좋은 목소리로 성경을 읽어 주는 어플이나 영상이 많은데, 굳이 내가 이걸 해야 할까?'

하지만 중요한 것은 함께 하는 것입니다. 그저 성도들에게 성경 읽으라고 하는 것만으로는 부족했습니다. "함께 읽자"라고 해야 했습니다. 실제로 성경 읽기 우수 참가자인 한 집사님께서 이렇게 말씀하셨습니다.

"어제는 정말 피곤해서 하기 싫었는데요. 목사님이 하시니까 어쩔 수 없이 저도 읽었습니다."

그러니 제가 어떻게 쉴 수 있겠습니까? 단 한 명의 참여자를 위해서라도 저는 은퇴하는 날까지 이 프로젝트를 섬기고 싶습니다.

| 선 교 원 팀 |

성도들에게 가끔 강조하는 이야기가 있습니다.

"객관적으로 우리는 작은 공동체입니다. 하지만 우리를 하나의 선교 팀으로 생각한다면, 지금 이곳을 하나의 선교회 사무실로 생각한다면, 우리는 결코 작은 공동체가 아닙니다."

사실 규모는 중요하지 않다고 생각합니다. 하나님께서 하시는 일이니까요. 하지만 우리의 선교적 사명과 복음 전도자로서의 정체성을 기억하고 싶어서 그렇게 말하곤 합니다.

우리에게 있어서 '원 팀'은 두 가지 의미가 있습니다. 선교를 원하는 (want) 팀, 그리고 선교를 위해 하나(one) 되는 팀. 그렇습니다. 예수님만 자랑하기 원하는 하나의 공동체가 되고 싶습니다. 이것은 특별히 노력할 필요가 없습니다. 그분의 사랑을 경험하면, 자연스럽게 되는 일이니까요. 역동적으로 움직이는 선교 원 팀이 되어 가는 우리 성도들이 너무나도 자랑스럽습니다.

| 그저 필요한 일을 할 뿐입니다 |

"목사님, 종착역에서 만난 영혼들을 위해 제가 할 수 있는 일이 있을까요?"

저의 간증을 들으신 한 장로님께서 전화를 주셨습니다. 그리고 저희의 사역에 동참하고 싶다고 하셨습니다. 이미 많은 섬김을 하고 계심에도 불구하고, 하나님께 더 드리기를 원하는 장로님의 마음이 너무나 귀하고 감사했습니다. 하지만 저는 노숙인 전문 사역자가 아닙니다. 가출 청소년을 섬기는 사역자는 더더욱 아닙니다. 전문가라서, 저희만의 특수한 사역이라서 하는 일이 아닙니다. 저희는 그저 필요한 일을 할 뿐입니다. 더 이상 지역 사회가 그것을 필요로 하지 않으면 중단할 일이기도 합니다. 저는 이 부분을 장로님께 솔직히 말씀드렸습니다. 감사하게도 장로님은 충분히 공감해 주셨습니다.

어떤 분들은 제가 재정적으로 풍족해서 그런 일을 한다고 오해하십니다. 한편으로는 감사했습니다. 불쌍해 보이는 목사보다는 나으니까요. 하지만 넉넉해서 하는 일은 아닙니다. 교회는 여전히 재정적인 자립을 하지 못했고, 활동비 명목의 사례비조차 때로는 감당하기가 어렵습니다. 하지만 성도들은 누구보다 열심히 선교에 동참합니다. 재정 수입의 15%와 성탄 감사 헌금 등의 절기 헌금도 선교와 구제에만 사용하고 있습니다.

그래서 개인적으로는 늘 절약해야 합니다. 비용이 얼마 들지 않는 일에도 고민을 많이 해야 합니다. 그래야 나눌 수 있고, 누군가의 필요에 즉각적으로 반응할 수 있기 때문입니다. 지금도 도움을 요청하는 연락이 많이 옵니다. 병원비가 부족해서, 생활이 어려워서 연락을 주시는 사역자들과 노숙인들이 있습니다. 그럴 때마다 저는 묻지도 따지지도 않고 가능한 한 도움을 드리고 있습니다. 물론 계좌에 잔액이 남아 있다면요.

가족과 성도들의 헌신이 있기에 가능한 일입니다. 우리의 것이 아닌 하나님의 것임을 인정하기에 가능한 일입니다. 물론 이런 저희의 모습을 보고서 비난하는 분들도 있습니다.

> "너희도 어려우면서 도대체 누굴 돕겠다는 거야?"
> "일단 자립한 다음에 선교든 봉사든 해야 하는 것 아니야?"

물론, 그런 지혜가 필요한 것도 사실입니다. 그럼에도 당장 도움이 필요한 이들을 외면할 수는 없습니다. 교회의 은과 금을 팔아서라도 끌려가는 포로 한 사람을 살리는 게 교회의 사명이기 때문입니다. 앞으로도 교회의 안정을 위한 저축이나 투자는 하고 싶지 않습니다. 우리 주님께서 오시는 그날까지, 가난하고 소외된 이웃에게 마음을 쏟으며 살고 싶습니다.

한일성서교회의 사역에는 특징이 없습니다. 특징이 없는 것이 특징입니다. 너무나 평범한 일들, 누구나 할 수 있는 일들을 감당하고 있을 뿐입니다. 그저 서로의 삶을 헤아리고, 누군가에게 관심을 두는 것, 그리고 필요한 일들에 외면하지 않는 것, 그것을 통해 복음을 전하고 하나님의 영광과 거룩하심을 나타내는 것, 그것이 우리의 사역입니다. 작고 연약한 우리에게 이러한 섬김을 가능하게 하신 주님의 은혜에 감사드립니다.

Prep 08

일하는 목회자

08
일하는 목회자

| 뭐라도 해 보자 |

2015년, 재정적인 이유로 예배당을 유지하기가 어려운 상황이 되었습니다. 무엇보다 저에게 미안해하는 성도들 때문에 더 마음이 아팠습니다.

"힘이 되어 드리지 못해 죄송합니다."

고개를 들지 못하는 성도들을 보면서 속에서는 눈물이 났습니다. 그리고 다시는 이런 일로 성도들이 미안해하는 일이 없게 하겠다고 다짐했습니다. 순간 바울의 고백이 뼛속까지 파고드는 것 같았습니다.

형제들아 우리의 수고와 애쓴 것을 너희가 기억하리니 너희 아무에게도 폐를 끼치지 아니하려고 밤낮으로 일하면서 너희에게 하나님의 복음을 전하였노라
_살전 2:9

'그래. 까짓거 내가 주중에 일하면 되지. 말로만 사랑한다고 하지 말고, 말로만 아버지의 마음으로 섬긴다고 하지 말고, 성도들을 위해 뭐라도 해 보자.'

사실 예전에도 저는 늘 일하는 전도사, 일하는 목회자였습니다. 하지만 이번에는 본격적으로 일을 해야겠다고 생각했습니다. 사역과 생계를 위해서라도 꾸준한 수입이 필요했기 때문입니다.

하지만 제가 할 수 있는 일은 생각보다 많지 않았습니다. 대학교 4년, 대학원 3년을 공부했음에도 교회 밖에서는 할 줄 아는 것이 별로 없었던 것입니다. 성서학과와 영유아보육학과를 복수 전공한 아내가 부러웠습니다. 이력서를 낼 수 있는 자격이라는 게 얼마나 귀한 것인지를 새삼 느꼈습니다. 일을 하고 싶어도, 돈을 벌고 싶어도, 무엇을 해야 할지 전혀 감이 오지 않았습니다. 마음먹은 것과 달리 답답하고 막막한 시간만 야속하게 흘러갔습니다.

| 문 자 한 통 |

30대 초반의 담임 목사에게는 당시의 모든 일이 너무나 큰 산처럼 느껴졌습니다. 매일 밤 하나님께 부르짖었습니다. 그러나 하나님은 아무런 답도 주지 않으셨습니다. 침묵하시는 하나님이 야속했습니다. 한편으로는 돈 문제로 괴로워하는 제 모습이 부끄럽기도 했습니다.

답답한 마음에 핸드폰을 꺼냈습니다. 도움을 구하려던 것은 아니었습니다. 그저 막연한 그리움이었습니다. 누군가가 필요했습니다. 누군가에게 마음을 쏟아 놓고 싶었습니다. 평소 마음으로 의지하던 한 선배 목사님께 문자 메시지를 보냈습니다.

> "목사님, 괴롭습니다. 어떻게 하면 돈 걱정 없이 목회할 수 있을까요?"

평소답지 않은 행동이었습니다. 저에게 어려움을 호소하는 분은 많았지만, 제 마음을 표현하는 일은 거의 없었으니까요. 하지만 그렇게라도 해야 살 것만 같았습니다. 문자를 쓰면서도, 전송 버튼을 누르기 직전까지도 참 많이 울었습니다.

하지만 끝내 답장은 오지 않았습니다. 여러 날을 기다려도 마찬가지였습니다. 분명 이유가 있었을 겁니다. 어쩌면 일부러 답장을 하지 않으셨는지도 모르겠습니다. 하지만 그날만큼은 철저하게 고립된 기분이었습니다. 세상 모든 이들에게, 심지어 하나님께도 외면당한 것 같았습니다.

수제 과일청

아내는 언제나처럼 불평하는 말 한마디 하지 않았습니다. 자신을 위해서는 작은 액세서리 하나 사지 않았고, 어려운 형편에도 교회와 성도들을 섬겼습니다. 제가 기도하고 결정하는 일에는 무조건 지지해 주었습니다. 그런 아내 덕분에 힘을 얻었습니다. 그리고 교회와 우리 가족을 위해 지금 할 수 있는 일이 무엇인지에 더 집중했습니다.

그러던 어느 날, 아내가 수제 청을 만들어서 팔아 보자고 했습니다. 당시에는 수제 청을 찾는 사람들이 꽤 많았습니다. 인터넷으로 찾아보니 만드는 것도 생각보다 간단해 보였습니다. 그렇게 저희 부부는 겁도 없이 수제 청 사업에 뛰어들게 되었습니다.

없는 형편에 다이소에 가서 필요한 물건을 샀습니다. 과일과 설탕, 빨간색 아날로그 저울과 스텐 볼, 그리고 유리병과 칼도 구입했습니

다. 지금 생각해 보면 전부 아기자기한 소품들이었습니다. 그렇게 아내와 과일을 손질하고 용량을 확인하며 유리병에 과일을 담았습니다. 그리고 설탕을 부은 후 뚜껑을 닫았습니다. 어설프긴 했지만, 첫 작품이라 그런지 마냥 예뻐 보였습니다.

하지만 준비하는 과정에서 '식품위생법'이라는 것이 있음을 알게 되었습니다. 식품위생법에 의하면 가정집에서는 식품을 제조할 수 없었고, 그것을 판매할 수도 없었습니다. 덕분에(?) 가게를 얻어야 했습니다. 판매를 위한 허가도 몇 가지 받아야 했습니다. 경험이 없었던 저희 부부에게는 무엇 하나 쉬운 것이 없었습니다. 하지만 이미 마음먹은 일을 멈출 수는 없었습니다.

그렇게 보증금 200만 원으로 네 평 남짓한 가게를 얻었습니다. 쇼케이스 냉장고랑 중고 싱크대도 구했습니다. 인테리어는 페인트칠과 벽돌 모양 벽지로 간단하게 마무리했습니다. 유리창과 문에 붙은 시트지도 제거했는데, 그것이 그렇게 어려운 일인지를 그때 처음 알았습니다. 당시 처제 부부가 곁에서 큰 힘이 되어 주었습니다.

그 사이에 아내는 클래스에 다니며 다양한 레시피를 배웠습니다. 수제 청 제조는 생각보다 섬세하고 고된 작업이었습니다. 집에서 소량으로 담그는 것과는 차원이 달랐지요. 과일에 따라 손질부터 제조, 숙성하는 방법에도 차이가 있었습니다. 단순히 과일에 설탕만 부으면 되는지 알았는데, 전혀 아니었습니다. 저도 아내에게 열심히 배웠습니다. 위생모와 앞치마, 위생 장갑을 끼고 수제 청을 담그고 있는 제 모습이 그저 신기했습니다. 상상하지 못했던 또 다른 직업을 갖게 된 것이니까요.

그렇게 온라인으로 수제 청 판매를 시작했습니다. 하지만 현실은 녹록지 않았습니다. 무엇보다 판매량이 너무나 저조했습니다. 실제로 하루에 한두 병 팔기도 어려울 때가 많았습니다. 아내는 쇼케이스 안의 수제 청을 보며 "얼른 시집 장가가라"라고 말하며 웃었습니다. 저도 음악을 틀어 놓고 분위기를 바꿔 보려고 애를 썼습니다. 하지만 속으로는 걱정이 많았습니다.

만드는 것 못지않게 마케팅이 중요하다는 사실을 그때는 몰랐습니다. 아무리 맛있어도 소비자가 모르면 소용이 없는데 말이지요. 그러던 어느 날, 늦은 밤까지 디자인 작업을 하다가 사업 경험이 있는 동서에게 무심코 물었습니다.

"사업에서 가장 중요한 것이 뭘까?"

동서는 잠시 무언가를 생각하는 듯하더니 이렇게 말했습니다.

"문제가 생겼을 때 안 된다고 하기보다는 '그러면 어떻게 해야 할까?'에 대한 답을 찾는 것이 중요한 것 같아요."

정신이 번쩍 들었습니다. 그리고 그날 이후 저는 날마다 스스로에게 이렇게 되묻곤 했습니다.

'그러면 어떻게 해야 할까?'

그렇게 하나씩 방법을 찾아가기 시작했습니다. 우선 아내와 저는 동서의 권유로 청년 창업자들을 위한 프로젝트에 참여하기로 했습니다. 예전 같으면 도전도 하지 않았겠지만, 일단 두드려 보기로 했습니다. 며칠 동안 열심히 보고서를 준비했습니다. 면접과 프레젠테이션은 대표인 아내가 했습니다. 긴장된다고 하면서도 다부진 모습으로 면접장에 들어가는 아내의 모습이 고맙고 사랑스러웠습니다.

감사하게도 결과는 성공적이었습니다. 저희 부부의 사업이 프로젝트에 채택된 것입니다. 덕분에 3개월간의 판매 수수료를 면제받게 되었습니다. 강남에 있는 촬영 스튜디오도 사용할 수 있었는데, 덕분에 상품 페이지 제작과 홍보에 큰 도움이 되었습니다.

하지만 그것만으로는 역부족이었습니다. 후발 주자였기에 여전히 경쟁력이 약했습니다. 발상의 전환이 필요했고, 새로운 길을 개척해야 했습니다. 단순히 수제 청을 판매하는 것만으로는 이미 선점한 업체들과 경쟁할 수 없었기 때문입니다.

"그러면 우리는 수제 청이 아니라 답례품을 팔자!"

그렇게 저희 부부는 포장에서 차별화를 두기 시작했습니다. 방산시장에서 답례품에 맞는 상자와 리본 끈, 스티커 등을 찾았습니다. 필요한 경우에는 직접 디자인을 하기도 했습니다. 그리고 예쁘게 포장된 사진을 메인에 올렸습니다. 상세 페이지도 고객들이 이해하기 쉽도록 보완했습니다. 정말이지 처음 3개월 동안은 거의 잠도 안 자고 일을 했습니다.

그러자 점점 입소문이 나기 시작했습니다. 그리고 여기저기에서 대량 답례품 주문이 들어오기 시작했습니다. 처음으로 답례품 주문을 받았을 때, 그리고 상품을 전달했을 때, 얼마나 기분이 좋았는지 모릅니다. 돌잔치와 결혼식뿐 아니라 연예인 팬 사인회와 백화점 브랜드 답례품, 유명 게임 회사 기념품 등으로도 답례품을 준비했습니다. 그렇게 상품 페이지는 쇼핑몰 상위권에 올라갔고, 드디어 전국으로 판매하는 수제 청 업체가 되었습니다.

| 생업을 대하는 태도 |

하지만 진짜 시작은 그때부터였습니다. 우선 배송 중 파손 사고가 종종 발생했습니다. 병이 깨지기도 하고, 뚜껑이 잘 닫히지 않아서 문제가 되기도 했습니다. 특히 명절을 앞두고 배송업체가 바쁜 시기에는 사고가 더 잦았습니다.

고객 응대도 쉽지 않았습니다. 간혹 갑질하는 분들을 만나기도 했는데, 언어폭력이나 인격모독은 기본이었습니다. 사람이 사람에게 어떻게 그럴 수 있는지 이해가 되지 않을 때도 많았습니다. 그래서 전화 응대는 대부분 제가 직접 했습니다.

상품 판매 페이지를 관리하는 것도 만만치 않았습니다. 며칠만 관리를 소홀히 해도 문제가 되었습니다. 하루는 제가 상품 수량을 잘못 입력하여, 하룻밤 사이에 수천만 원의 주문이 들어오기도 했습니다. 결국 당시 모든 주문을 취소하고, 고객들에게 사과 메시지를 전했습니다. 그 과정에서 공황 증세가 심해져서 며칠을 고생하기도 했습니다.

하지만 그때마다 저희를 긍휼히 여기시는 주님의 손길을 경험했습니다. 그리고 가족과 동역자들의 격려로 일어났습니다. 다시 일어설 수만 있다면 몇 번 넘어지든 괜찮다고 생각했습니다. 다시 시작하는 마음으로 포장재를 보완했습니다. 그리고 답례품이 아닌 주문의 경우에도 내구성이 좋은 상자에 무료로 담아 드렸습니다. 고객들은 선물 상자를 무료로 받을 수 있어서 좋았고, 저희는 파손을 줄일 수 있어서 좋았습니다. 덕분에 판매량도 더 늘었습니다.

진공 포장하는 방법도 연구하기 시작했습니다. 진공 상태로 판매하면 상품의 변질을 막을 수 있고 배송과 보관에도 도움이 되기 때문입니다. 하지만 방법을 가르쳐 주는 곳을 찾기가 어려웠습니다. 그래서 관련 자료를 찾아가며, 밤이 새도록 직접 연구했습니다. 그리고 오랜 시행착오 끝에 드디어 방법을 찾아냈습니다. 뚜껑을 열었을 때 나는 "펑" 소리가 얼마나 감격스러웠는지 모릅니다.

고객 응대에도 점점 여유가 생겼습니다. 웬만한 갑질도 웃어넘길 수 있게 되었습니다. 무엇보다 친절하고 솔직하게 소통하려고 노력했습니다. 순간의 위기를 모면하기 위한 거짓말은 하지 않았습니다. 덕분에 상품 페이지의 고객 만족도는 99%를 넘어섰습니다.

이웃 사장님들과도 좋은 관계를 맺었습니다. 늘 먼저 인사했고, 작은 것이라도 있으면 나누었습니다. 그러던 어느 날, 한 사장님께서 말씀하셨습니다.

> "그럴 일은 없겠지만, 만약 자네가 누군가와 다투고 있으면 나는 무조건 자네 편이 될 거야. 아무 이유 없이 다른 사람에게 시비를 걸거나 할 사람이 아니거든."

저는 "좋게 봐 주셔서 감사하다" 하며 웃었습니다. 교회 밖에서, 그것도 매일 만나는 이웃에게 인정받은 것 같아서 기분이 좋았습니다. 목회를 위해서 시작한 일이었지만, 가벼운 마음으로 하지는 않았습니다. 생업을 대하는 태도, 그것이 하나님을 향한 저의 예배였습니다.

| 이제야 배우기 시작한 것들 |

공간의 문제로 매장을 옮겨야 했습니다. 그 과정에서 두 군데를 운영해야 할 때도 있었지요. 하지만 사업을 확장하려는 의도는 없었습니다. 언제나 목회가 우선순위였으니까요. 그래서 최대한 임대료가 저렴한 곳으로, 그리고 교회와 가까운 곳에 가게를 얻어서 운영했습니다.

감사하게도 성도들의 도움을 많이 받았습니다. 잠시 외국에 다녀온 사이, 인테리어 전문가이신 집사님 두 분이 가게를 근사하게 꾸며주셨습니다. 가게 짐을 옮길 때도 성도들이 한마음으로 도와주셨습니다. 다리가 불편할 때였기에, 혼자였다면 엄두도 내지 못할 일이었습니다. 요란스럽지 않게, 생색 하나 내지 않고 도와주는 성도들에게 고마웠습니다.

사실 누군가의 도움을 받는 것이 저는 좀 불편합니다. 하지만 사업을 하면서 어울려 사는 법을 조금이나마 배웠습니다. 때로는 도움을 받기도 하고 미안한 상황에 놓이기도 하는 것이 인생이라는 사실을, 생계 현장에서 뒤늦게나마 배웠습니다.

여전히 저는 도와달라는 말을 잘하지 못합니다. 그래서인지 먼저 다가오는 분들이 너무나 고맙습니다. 갚을 길 없는 저에게 감당할 수 없는 사랑을 흘려보내시는 그 손길을 잊을 수가 없습니다. 먼저 다가와 준다는 것, 그것이 사랑이었습니다.

| 장사도 목회가 될 수 있을까? |

보통 같으면 사업을 확장할 계획을 했겠지만, 저희는 그 반대였습니다. 수입이 늘어나는 것은 좋았지만, 목회에 방해가 될 정도로 일을 할 수는 없었기 때문입니다. 그래서 매일 아침, 일을 하는 목적을 되새기며 디모데전서 6장 6절의 말씀을 묵상했습니다.

> 그러나 자족하는 마음이 있으면 경건은 큰 이익이 되느니라 _딤전 6:6

성도들에게는 밥 한 끼 대접할 수 있고, 아기를 키우는 가정에는 기저귀를 선물할 수 있어서 좋았습니다. 무엇보다 날마다 누리는 일용

할 양식으로 충분했습니다. 그 이상의 것을 움켜쥐려고 애쓰지는 않았습니다.

한편으로는 이익을 내야 하는 사람이 목양의 마음을 갖는 게 가능한 일인지가 궁금했습니다. 갑질과 부당한 일을 겪으면서도 사랑을 한다는 것이 얼마나 어려운 일인지를 경험했기 때문입니다. 그동안 "사랑하자"라고 했던 저의 설교가 얼마나 가벼운 것이었는지를 생업의 현장에서 깨달았습니다. 하지만 그럼에도 사랑을 포기하고 싶지는 않았습니다. 그것이 하나님을 향한 저의 고백이자 가치관이며, 수없이 외쳐 온 설교에 대한 책임 있는 태도였기 때문입니다.

그래서 목회하는 마음으로 고객을 대했습니다. 성도를 대하는 태도로 상품을 판매했습니다. 목회할 때와 장사할 때, 같은 마음과 태도를 가지려고 했습니다. 갑질하는 고객을 위해 기도했습니다. 그러자 점점 고객들의 마음이 헤아려졌습니다. 요동치던 마음도 잔잔해졌습니다.

고객의 실수로 빚어진 문제도 전액 보상해 주었습니다. 간혹 다급한 주문의 경우에도 정성껏 준비하여 보내 드렸습니다. 성도라고 생각하니 손해를 보아도 아깝지 않았습니다. 그렇게 6년이 넘도록 수제 청을 팔면서 핸드드립 카페도 운영했습니다.

그러자 주변에서 '카페 목회'에 대해 문의하시는 분들이 생기기 시작했습니다. '일하는 목회' 또는 '이중직 목회'에 대한 관심이 점점 더 높아졌기 때문입니다. 하지만 그때마다 저는 특별히 해 드릴 말씀이 없었습니다. 처음부터 계획했던 일이 아니었으니까요. 솔직히 제가 카페를 운영하고 답례품을 팔 것이라고는 저 자신도 상상하지 못했거든요. 정말이지 지갑에 만 원짜리 한 장이라도 있었다면, 저에게 미안해하는 성도들만 아니었다면, 장사는 시작도 하지 않았을 것입니다. 그저 아래의 세 가지는 늘 다짐하고 또 다짐했습니다.

첫째, 자족하는 마음을 갖자.
둘째, 언제든 전할 수 있는 복음의 메시지를 품고 살자.
셋째, 목회보다 사업을 우선시하지는 말자.

| 눈물을 세시는 주님 |

그렇게 6년의 세월이 흘렀습니다. 바쁜 시즌에는 새벽까지 일해야 할 때도 많았습니다. 하지만 장사가 잘되어도 왠지 모르게 허전했습니다. 자비량으로 목회할 수 있다는 것이 감사했지만, 한편으로는

목이 말랐습니다. 교회를 위해서 시작한 일인데, 성도들에게 미안한 일들이 점점 더 늘어 갔습니다. 사업은 번창하는데 목회자로서는 늘 부족함을 느꼈습니다.

제 모습에서 생기가 느껴지지 않았습니다. 초점 없이 멍하니 있는 날이 많아졌습니다. 거울에 비친 제 모습이 괜히 처량해 보였습니다. 장사도 나름 잘되고 생활에도 여유가 많이 생겼는데, 기쁘지 않았습니다. 그저 살아야 해서 살고 있는 그런 모습 같았습니다. 어쩌면 당시 성도들도 그런 저의 상태를 느꼈는지도 모르겠습니다. 내색은 하지 않았지만, 가까이에서 지켜보던 아내도, 늘 도와주시던 어머니도 그런 저 때문에 많이 속상해했습니다.

어느 날 혼자서 주방 설거지를 하는데 갑자기 눈물이 났습니다. 홀로 아버지의 양 떼를 돌보던 다윗의 모습이 생각났습니다. 그리고 들판에서 다윗을 주목하셨던 것처럼 저를 긍휼히 여기시기를 기도했습니다. 울먹이면서 마음속 깊은 이야기를 털어놓았습니다.

'주님, 더 많은 이들에게 주의 복음을 전하며 살고 싶습니다.'

늦은 밤, 일을 마친 후에는 예배당으로 달려갔습니다. 몸도 마음도

엉망이었습니다. 때로는 3층 계단을 네발로 기어오를 정도로 하루가 고되었습니다. 하지만 살고 싶어서, 숨을 쉬고 싶어서 달려갔습니다. 기도하지 않고는 견딜 수 없었습니다. 예배당에 들어서자마자 엉엉 울었습니다. 제 눈물을 아시는 주님, 제 마음을 다 헤아리시는 주님 앞에서 참 많이도 울었습니다.

| 교목이 되다 |

그러던 어느 날 교수님 몇 분에게서 전화가 왔습니다.

"이번에 교목을 뽑는데, 목사님이 지원을 하면 어떨까요?"

전화를 끊고 조용히 기도했습니다. 사실 예전에도 교목으로 추천받았던 경험이 있었습니다. 하지만 그때는 담임 목사라는 이유로 지원이 불가했습니다. 감사하게도 이번에는 조건이 변해서 지원이 가능하다고 했습니다. 목회하면서 교목을 할 수 있도록 배려해 주신다고 하셨습니다.

아내와 의논한 끝에, 일단은 지원을 하기로 했습니다. 합격한다는 보장은 없었지만, 어쩌면 하나님의 부르심일 수도 있다고 생각했습니다. 아무래도 장사하는 것보다는 교목실에서의 사역이 목회와 더 맞닿아 있을 것이라는 기대도 있었습니다. 무엇보다 담임 목회를 함께 할 수 있다는 사실에 마음이 놓였습니다.

물론 경제적인 부분만 놓고 본다면, 계속 장사를 하는 것이 현명한 선택이었습니다. 성수기 한 달 매출이 교목 1년 연봉보다 훨씬 많았으니까요. 게다가 가게 임대가 아직 1년이 넘게 남아 있다는 것도 부담이었습니다. 가게가 나가지 않으면 계속 임대료를 내야 했으니까요.

하지만 그럼에도 하나님의 부르심이라면 순종하는 게 옳다고 생각했습니다. 그리고 기도와 고민 끝에 이메일로 지원서를 제출했습니다. 그리고 학교에서 연락이 오기만을 기다렸습니다.

하지만 아무리 기다려도 연락이 오지 않았습니다. 서류 심사 발표일이 지났음에도 감감무소식이었습니다. 저는 1차 심사에서 떨어졌다고 생각했습니다. 그리고 평소처럼 매장에서 일을 했습니다. 오히려 잘된 일이라고 여기면서요.

그날 저녁, 저에게 연락하셨던 교수님 중 한 분이 찾아오셨습니다. 궁금한 것이 많았지만 여쭙지는 않았습니다. 어쩌면 떨어졌다는 말씀을 꺼내기가 불편하실 수도 있겠다는 생각이 들었습니다. 무엇보다 모든 일에는 하나님의 뜻이 있음을 믿었습니다. 그래서 다른 말이 필요 없었습니다. 그렇게 아무렇지도 않게 저녁을 먹으며 교수님과 그간의 이야기들을 나누었습니다. 교수님도 별다른 말씀은 하지 않으셨습니다.

다음 날 아침, 제 교목 지원 이메일이 누락되었다는 사실을 알게 되었습니다. 담당자께서 전화로 사과를 하셨습니다. 저는 웃으면서 괜찮다고 말씀을 드렸습니다. 괜히 저 때문에 담당자들을 난처하게 하고 싶지 않았습니다. 그저 조용히 덮고 싶었습니다. 하지만 학교 입장에서는 그럴 수 없다고 했습니다. 결국 저 한 사람을 위한 면접 일정이 잡혔습니다. 그렇게 정해진 날짜에 면접과 설교를 하고 돌아왔습니다.

감사하게도 1차 서류 심사와 2차 면접을 통과했습니다. 그리고 일주일 뒤에는 총장님과의 최종 면접을 보았습니다. 10년 만에 뵙는 총장님의 얼굴에는 여전히 힘이 느껴졌습니다. 하지만 세월의 흔적과 리더로서의 무게도 느껴졌습니다.

"총장님, 잠시 손 한번 잡아 드려도 될까요?"

면접을 마치고 일어나며 조심스럽게 말씀드렸습니다. 목사로서, 긴 세월 학교를 섬겨 오신 총장님의 손을 조용히 잡아 드리고 싶었습니다. 총장님은 흔쾌히 허락하셨습니다. 잠깐이었지만 기도하는 마음으로 손을 꼭 잡아 드렸습니다. 힘을 다해서 마음으로 축복했습니다.

그리고 며칠 뒤, 최종 합격 통보를 받았습니다. 얼떨떨했습니다. 가게에서 혼자 수제 청을 담그던 목사가 갑자기 모교의 학생들을 돌보는 교목이 된 것입니다. 근처 사장님들은 많이 아쉬워하셨습니다. 하지만 일이 정해졌으니, 뒤는 돌아보지 않기로 했습니다. 처음부터 목회를 위해 시작한 사업이었으니까요.

첫 출근

교목에게는 개인 공간도 따로 마련되어 있었습니다. 상담과 연구를 위한 공간이었습니다. 마음을 가라앉히고 조용히 자리를 정돈했습니다. 첫날이라 그런지, 저 자신이 외부인처럼 느껴졌습니다. 인트라넷 사용부터 사무실 비품에 이르기까지 어느 것 하나도 익숙한 것이 없었습니다. 그때 근로 학생 한 명이 커피와 케이크 한 조각을 가져다주었습니다.

"목사님, 뭐든지 필요한 것이 있으면 저에게 말씀하세요."

학생의 미소에 긴장했던 마음이 조금 풀리는 것 같았습니다. 이어서 교목실의 두 직원 전도사님이 인사하기 위해 제 방으로 들어왔습니다. 당시에는 교목실 상황이나 분위기가 그리 좋지 않았습니다. 그래서 저는 즐거운 분위기로 함께 사역하자며 전도사님들을 격려했습니다. 무엇보다 우리 안에서든 다른 부서와의 관계에서든 서로 경쟁하지 말자고 했습니다. 그렇게 이야기를 나누고 있는데, 근로 학생이 다시 들어왔습니다.

"목사님, 컵이랑 접시 치워 드리겠습니다?"

순간 당황했습니다. 익숙하지도 않은 일이었습니다. 이후에도 몇 차례 근로 학생과 전도사님들이 제 책상 위의 컵과 접시 등을 정리해 주었습니다. 고마웠습니다. 하지만 목회 현장에서도 성도들뿐 아니라 그 누구에게도 저는 그런 섬김을 요구한 적이 없었습니다. 과한 섬김을 받는 것은 목사로서 마땅하지 않은 일이라고 생각했기 때문입니다. 무엇보다 근로 학생이나 전도사님들은 그 외에도 해야 할 일들이 많았습니다. 그래서 학생이 민망하지 않도록 최대한 조심스럽게 말했습니다.

"고마워요. 하지만 앞으로는 내가 직접 치울게요."

사실 섬김을 받는 것은 상당히 달콤한 일입니다. 하지만 그래서 더욱 경계가 필요했습니다. 그렇게 교목으로 있는 동안, 가능하면 제 컵과 그릇은 직접 치우려고 했습니다. 쌓여 있는 그릇들도 조용히 들고 나가서 설거지했습니다. 카페 설거지에 비하면 아무것도 아니었습니다. 대단하거나 특별한 일도 아니었습니다. 다만 직원 선생님들이 없을 때 몰래 하려고 했습니다. 가끔 "설거지를 왜 목사님이 하세요"라고 묻는 경우도 있었습니다. 그러면 저는 "제가 설거지를 좋아하거든요" 또는 "오늘은 제가 제일 한가해서요"라고 답하며 웃었습니다.

그렇게 교목으로서의 본격적인 사역이 시작되었습니다. 일하는 목회자로서의 새로운 도전이었습니다.

| 캠퍼스 목회 |

설교단에 올라가서는 확신을 가지고서 복음의 메시지를 선포했습니다. 교회나 외부 집회에서와는 다르게, 설교문에서 단어 하나도 벗어나지 않으려고 노력했습니다. 학생들에게 주어진 채플 시간을 지켜야 했기 때문입니다.

설교 시간 외에는 이등병의 마음으로 일했습니다. 교목도 엄연히 직원으로 분류되어 있었고, 신입 직원으로서 각 부서 팀장님과 직원들을 존중하는 것이 당연하다고 생각했습니다. 학교 밖에서는 나름의 경험을 가지고 있었지만, 그것을 앞세워 큰소리를 내고 싶지는 않았습니다.

목회자로서는 긍휼의 마음으로 사역했습니다. 한마음으로 협력하면서도, 보이지 않는 경쟁으로 아픔과 상처를 주고받는 곳. 학교 역시 일반 직장과 크게 다르지 않았기 때문입니다. 지쳐있는 직원 선생님들을 격려하고 싶었습니다. 축복하고 싶었습니다. 신입이지만,

목회자로서 해야 할 일은 하고 싶었습니다.

우선 아침 경건회에서 나누는 故 강태국 박사님의 묵상집을 현대어로 수정했습니다. 조금이라도 쉽게 전달되기를 바라는 마음으로, 하루도 빼놓지 않고 그렇게 했습니다. 두 번째는 커피와 쿠키를 들고 부서 심방을 다녔습니다. 특히 드러나지 않는 부서들을 더 자주 방문했습니다. 교목실 직원들에게도 당부했습니다.

> "우리도 실적으로 평가를 받지만, 다른 부서와 경쟁해서 이기려고는 하지 맙시다. 교목실이 더 품어 주고, 때로는 기꺼이 져 주면 좋겠습니다. 같은 직원이지만, 동시에 목사와 전도사라는 사실을 잊지 말고, 절대로 다른 부서와 핏대 세우고 싸우지는 마세요."

물론 교목으로서 저를 탐탁지 않게 여기신 분들도 있었습니다. 처음 몇 개월 동안은 노골적으로 저를 미워하거나 수군거리는 분들도 있었습니다. 정치적인 이유에서였습니다. 속상했지만 신경 쓰지 않았습니다. 그저 맡겨진 일과 사람에게 진심으로 다가가려고 했습니다. 저에게 있어서 캠퍼스 목회는 말 그대로 학생들과 모든 교직원을 품는 것이라고 확신했으니까요. 그러자 그분들도 점점 마음을 열기 시작했습니다. 심지어 교목실 사역을 내려놓을 때, 그분들이 누구보다도 더 저의 퇴사를 안타까워하셨습니다.

| 마스크에 가려진 마음 |

그해에 코로나19가 세상을 뒤덮었습니다. 언제 끝날지도 모르는 팬데믹 상황에서 모두가 얼굴의 반을 마스크로 가려야 했습니다. 교목실에서는 설교단에 오를 때도 마스크를 착용하도록 선제적 조치를 했습니다. 물론 불편을 호소하시는 교수님도 있었지만, 의료계를 비롯하여 전 국민이 전쟁 중인 상황에서 그 정도는 감수하는 것이 맞다고 판단했습니다.

개인적으로도 많은 변화와 도전의 시간이었습니다. 우선 설교자로서는 더욱 발음 연습을 해야 했습니다. 마스크를 쓰고도 청중들이 잘 들을 수 있어야 했기 때문입니다. 눈으로 웃는 훈련도 많이 했습니다. 마스크에 얼굴이 가려져 있으니, 눈으로 마음을 전해야 했습니다. 덕분에 표정은 예전보다 훨씬 부드러워졌습니다.

무엇보다 온라인 교육이나 회의, 영상 제작 등에도 익숙해져야 했습니다. 감사하게도 영화감독을 꿈꾸던 과거의 경험으로부터 많은 도움을 받았습니다. 코로나 2년 동안 제작한 영상만 해도, 매일 올렸던 성경 통독 영상을 제외하고도 거의 100여 편은 될 것입니다. 유능한 직원 전도사님과 교수님들 덕분에 즐겁게 작업할 수 있었습니다.

하지만 교목으로서 무엇보다 큰 관심을 가진 것은 학생들의 마음이었습니다. 특히 비신자 학생들 또는 학교에 적응하지 못하는 학생들을 돕고 싶었습니다. 온라인 수업으로 인해 만나기가 어려웠지만, 계속해서 기회를 만들고 싶었습니다. 보통 교목실에는 이미 잘하고 있는 친구들이나 찬양팀, 그리고 총학들이 자주 드나들었습니다. 앞으로는 소외된 친구들도 많이 찾아올 수 있는 환경을 만들고 싶었습니다.

기도와 고민 끝에 여러 프로젝트를 기획했습니다. 핸드드립 커피를 가르쳐 주기도 하고, 비신자 학우들을 위한 성경 공부와 신앙 상담도 계속했습니다. 전화와 문자 메시지도 자주 활용했습니다. 때로는 전교생과 통화하느라 퇴근이 늦어지는 날도 많았습니다. 그렇게라도 마스크에 가려진 마음, 전염병으로 얼어붙은 학생들의 마음을 열고 싶었습니다.

유학생들을 위한 프로젝트도 진행했습니다. 당시 유학생 대부분이 코로나로 인해 기숙사를 떠나지 못하고 있었습니다. 심지어 명절이나 방학 때도 고향에 돌아가기가 어려웠습니다. 우울감과 고립감을 호소하는 학생들도 많았습니다. 그래서 명절마다 유학생들을 위해 각국의 음식들, 즉 베트남, 중국, 태국 음식들을 전달해 주었습니다. 학생들이 감동하여 눈물을 흘리기도 했습니다.

지금도 저와 성도들은 추수감사주일에 과일이나 떡 대신 즉석식품과 생필품을 모아서 하나님께 드립니다. 그리고 예배 후에는 정성껏 포장해서 유학생들에게 전달합니다. 유학생들이 예수님의 사랑을 경험하고 돌아갈 수 있다면, 그 어떤 선교사보다 뛰어난 복음 전도자가 될 것이라 확신합니다.

그렇게 교목으로 섬긴 2년의 세월 동안 정말 많은 학생과 울고 웃었습니다. 사랑을 하니 관심이 생겼습니다. 관심을 가지니 무엇이 필요한지를 알게 되었습니다. 마스크에 가려진 마음까지도 품을 수 있었습니다.

그렇게 다시 일어선 아이들, 다시 힘내어 살아간 아이들의 모습이 그저 고맙고 대견스러웠습니다. 코로나 2년, 돌이켜보면 우리 모두에게 너무나 가혹한 시간이었습니다. 하지만 그 속에도 주님의 은혜가 흐르고 있었습니다. 그리고 주님 안에서 우리 각자는 또 그렇게 살아 내고 있었습니다.

| 최고의 평가 |

날마다 회의의 연속이었습니다. 노는 것 아니냐는 오해를 받을 정도로 자유로운 분위기였지만, 학교와 학생을 위한 아이디어를 검토하고 또 검토했습니다. 그렇게 한 해에만 수십 개의 프로젝트와 사업을 추진했습니다. 퇴근 후에는 교회 성도들 가정을 방문하며 돌보았습니다. 정말이지 쉴 수 있는 시간이 없었습니다.

물론 다른 부서도 상황은 마찬가지였습니다. 아니 모든 세상이 그랬습니다. 익숙하던 것들이 전혀 새로운 것으로 대체되거나 보완되었기 때문입니다. 오죽하면 '뉴 노멀'이라고 불렀을까요. 그렇게 새로운 세상에 적응하느라 모두가 고되고 예민한 시기를 보냈습니다.

하지만 기획하고 추진하는 것을 좋아했기 때문에 즐겁게 일했습니다. 목회와 사업의 경험이 학교에서도 귀하게 사용되었습니다. 감사하게도 일립교육부의 모든 교수님과 직원 전도사님들도 한마음으로 일했습니다. 힘들게 준비한 기획안이 통과될 때의 그 짜릿함이란! 그때마다 전도사님들과 손을 맞잡고 좋아했습니다. 고생한 만큼 학생들에게 해 줄 수 있는 것들이 많아지기 때문입니다.

그렇게 2년 차에는 혁신 사업 평가에서도 높은 점수를 받았습니다.

물론 평가 그 자체에 큰 의미를 두지는 않았습니다. 하지만 가장 어려운 시기에, 학교와 학생을 위해 최선을 다했던 교목실의 시간을 인정받은 것 같아서 뿌듯하고 감사했습니다. '전우조'라 부를 정도로 끈끈했던 전도사님들과 교목실 식구들 덕분이었습니다.

| 다시 목회 현장으로 |

2년, 짧지만 뜨거웠던 교목실에서의 시간을 보낸 뒤, 저는 다시 목회 현장으로 돌아왔습니다. 학교에서는 담임 목회를 내려놓고 교목으로 함께하기를 제안했지만, 정중하게 거절했습니다. 부족한 것 많은 사람이지만, 교회에는 아직 제가 섬겨야 할 영혼들이 많았습니다.

나름 잘나가던 사업과 교목의 자리를 내려놓고 혼자 예배당에 앉아 있으니, 잠시 꿈을 꾸었던 것 같았습니다. 다시 온 세상이 잠잠해졌습니다. 바쁘게 울리던 핸드폰도 쥐 죽은 듯 조용했습니다. 그렇게 제 의도와 상관없이 지난 7년간의 자비량 목회를 내려놓게 되었습니다.

이후 건강상의 문제로 거의 1년 동안을 병상에 누워 있어야 했습니다. 사역도, 생계도 걱정이었습니다. 결국 아내가 저를 대신하여 일터에 나갔습니다. 저와 가족들에게, 그 시간은 이전의 것을 다 합친 것보다 더 길고 혹독했습니다.

하지만 지금은 그 모든 순간에 감사하고 있습니다. 한참이 지난 뒤에야 알았습니다. 저 스스로 포기하지 못하던 것들을 하나님께서 내려놓게 하셨다는 사실을요. 그 시간을 통해 제 안에 남아 있던 교만과 자기애를 무너뜨리셨다는 것을요. 그리고 그렇게 저를 목회 현장으로 다시 데려다 놓으셨다는 사실을요. 모든 일하는 목회자들에게 적용될 수는 없겠지만, 최소한 저의 경우에는 하나님께서 그렇게 역사하셨습니다.

| 자기연민, 그 무서운 유혹 |

저는 자기연민을 경계합니다. 자기연민에는 중독성이 있습니다. 그리고 위험합니다. 목회자라서 특히 더 그렇습니다. 왜냐하면 그것이 교회와 성도들을 무너뜨릴 수 있기 때문입니다. 저는 누구보다 이것을 많이 경험했고 또한 목격했습니다. 자기를 더욱 점검해야 하는 이유입니다. 그래서 저는 "고생이 많으시네요"라는 말을 들을 때마다 웃으면서 대답합니다.

"다들 그렇게 사는걸요."

'일하는 목회자'로서의 삶은 결코 청빈이 아니었습니다. 대단한 것도 아니었습니다. 그저 평범한 미자립교회 목사의 삶이었습니다. 보통의 가장들이 겪는 흔한 일상이었습니다. 특별히 박수를 받을 일도, 안타까운 일도 아닙니다. 저에게 있어서 일하는 목회자의 삶이란 그런 것이었습니다. 오히려 할 수 있는 일이 있어서 감사했습니다. 그것으로 가족을 부양하고, 목회도 할 수 있다는 것이 좋았습니다. 그래서 저는 일하는 목회자들을 볼 때마다 불쌍한 마음보다는 존경의 마음으로 기도하고 응원합니다.

앞으로도 저의 삶에서 돈에 대한 이야기는 계속 이어질 것입니다. 하지만 자기연민에 빠지거나 그것을 과대포장하고 싶지는 않습니다. 그저 믿음의 가오(?)를 지키며 하루하루를 살아 내고 싶습니다. 주님이 이런 저의 마음을 아시고, 날마다 자비를 베풀어 주시길 소망합니다.

| 연민을 가진 사람 |

저를 지도하셨던 한 교수님께서는 늘 이 말씀을 하셨습니다.

"사람에게 연민을 가진 목회자가 되라."

제가 교목실을 떠나기로 결심했을 때, 모두가 다 빠져나간 채플실 뒤편에서 저를 기다려 주시던, 그리고 "학교에는 자네 같은 교목이 필요하다"라며 저의 퇴직을 만류하셨던 분입니다. 그래서인지 교수님의 은퇴 예배 때, 참 많이도 울었습니다. 지금 교수님은 은퇴 후 백령도에서 목회하고 계십니다.

실제로 교수님은 연민을 가지고 저를 이끌어 주셨습니다. 연구실에서 졸린 눈 비벼 가며 히브리어 시편을 읽게 하셨고, 대학교회에서도 사역 현장을 가르쳐 주셨습니다. 토요일 아침에는 기도실에 들어가서 한 시간이 지나기 전에는 나오지도 못하게 하셨는데, 당시의 훈련이 지금까지도 큰 힘이 되고 있습니다.

하루는 주일 예배 인도를 위해 강단에 오르려는데, 하나님께서 성도들을 향한 연민의 마음을 부어주셨습니다. "저들을 위로하라"라는 주님의 음성이 들리는 것 같았습니다. 가슴에서 뜨거운 눈물이 흘렀습니다. 생계 현장에서 날마다 그리스도인으로 살아 내는 성도들, 그들은 그 어떤 순간에도 정죄가 아닌 사랑과 긍휼의 대상이었습니다.

자비량 목회를 하면서 배웠습니다. 나름 가난을 안다고 생각했는데, 그것이 전부가 아니었습니다. 저에게 있어서 생계 현장은 끊임없는 을의 삶이었습니다. 온몸이 쑤시고 뻐근해도 파스 한 장 붙이고 다시 하루를 시작해야 하는, 냉정하고 고된 자리였습니다. 그런 시간을 뚫고 온 성도들에게 따뜻한 쉼이 되어 주고 싶습니다. 그래서 후배 사역자들에게도 당부합니다. 혹 예배 시간에 조금 늦거나 조는 성도들이 있더라도, 함부로 판단하거나 정죄하지 말라고요.

제가 속한 선교회 이사장님께서는 "축복의 기회를 놓치면 안 된다"라고 하셨습니다. 그래서 부족하지만 그렇게 살려고 합니다. 기회가 있을 때마다 격려하며 축복하고 싶습니다. 예배당에서뿐 아니라 시장에서도 축복하며 기도합니다. 품에 안긴 아기를 보며 기도합니다. 운전을 하면서도 주위 모든 이를 응원합니다. 그저 한 번 더 손을 잡을 수 있고, 축복할 수 있다는 것이 저에게는 큰 기쁨입니다.

사람에 대한 연민, 그 말씀을 마음 깊이 새깁니다. 사람에 대한 눈물과 삶에 대한 헤아림을 가진 목회자가 되고 싶습니다. 가슴에 눈물을 채운 사람이고 싶습니다. 때로 그것이 저의 어깨를 짓누르며 깊은 우울의 자리로 이끌어 갈지라도, 때로 그것이 저를 억울하고 외롭게 할지라도, 그것이 저의 목회 현장을 설명하는 단어이길 소망합니다. 사람에 대한 연민, 이것이 자비량 목회자로 섬기면서, 일하는 목회자로 살면서 받은 가장 큰 선물입니다.

Prep 09

선을 넘은 사랑

09
선을 넘은 사랑

| 이명보다 사명 |

이명(耳鳴)이 심해졌습니다. "삐-" 하는 소리와 달랐습니다. 마치 드릴로 벽을 뚫는 것처럼, 굵은 진동 소리가 반복적으로 들렸습니다.

"드르르르르륵… 드륵드륵…"

처음에는 가볍게 여겼습니다. 불편하긴 했지만, 며칠 지나면 나아지리라 생각했습니다. 하지만 시간이 지나도 드릴 소리는 멈추지 않았습니다. 오히려 점점 더 심해졌습니다. 결국 저는 수면 장애와 스트레스로 병원에 가야 했습니다.

검사 결과, 청력에는 전혀 이상이 없었습니다. 실제로도 이명의 원

인은 너무 다양해서 찾기가 어렵다고 했습니다. 물론 뇌를 검사하거나 수술을 해 볼 수도 있지만, 그렇다고 완치될 수 있다는 보장은 없다고 했습니다. 순간 낙심이 되었습니다. 아무런 소득 없이 발걸음을 옮겨야 했습니다. 이후에도 드릴 소리는 계속되었습니다.

그러던 어느 날, 벽에 걸려 있던 시계의 초침 소리가 귓가에 맴돌았습니다. 고개를 돌려 시계가 있는 쪽을 보았습니다. 시계에 집중할수록 소리는 점점 더 커졌습니다. 평소에는 들리지도 않던 소리가 그 순간만큼은 방안을 온통 채우고 있었습니다. 그때 생각했습니다.

'그래. 어차피 고칠 수 없다면 받아들이자. 이명에 너무 집중하지도 말자.'

그렇게 마음을 먹은 후, 하나님께 기도했습니다.

"하나님 감사합니다. 어차피 고칠 수 없는 병이라면, 그것을 하나님의 신호로 여기겠습니다. 그리고 이명이 들릴 때마다 하나님께 기도하며 찬송하겠습니다."

그때부터 저는 귀에 울리는 드릴 소리를 은혜의 종소리로 여겼습니다. 하나님 앞에서 더욱 겸손히 행하라는 알람으로, 모든 일에 감사하라는 메시지로 받아들였습니다. 증상은 여전했지만, 그것을 대하는 태도를 바꾸니 마음에 평안이 찾아왔습니다. 그리고 그날 밤 웬걸, 일주일 넘게 저를 괴롭히던 드릴 소리가 흔적도 없이 사라졌습니다.

그런데 최근 들어 다시 이명이 커지고 있습니다. 고주파 저주파 할 것 없이 골고루 귓가를 맴돕니다. 하지만 받아들이며 살아갑니다. 불평하는 대신 감사합니다. 이명이 아닌 사명에 귀를 기울이려고 합니다. 연약함을 주신 하나님께 감사드립니다.

나대지 마 심장아

"쿵쾅쿵쾅!"

어느 날부터인가 제 심장 소리 때문에 밤에 잠을 잘 수가 없었습니다. 숨을 쉬기가 어려웠습니다. 사방이 저를 옥죄는 기분이었고, 감기에 걸린 것처럼 온몸이 춥고 떨렸습니다. 한 달이 넘도록 체온이 38도를 넘어가기도 했습니다.

얼마 버티지 못하고 다시 일어났습니다. 미친 사람처럼 교회로 달려갔습니다. 예배당에 들어서면 잠시나마 마음이 편안했습니다. 상당히 긴 날들을 그렇게 보냈습니다. 아내 역시 덩달아 잠을 못 잤습니다. 그런 아내 때문에라도 어떻게든 극복해 보려고 노력했지만, 그럴수록 더 숨이 막혀서 견딜 수가 없었습니다. 정말이지 죽음과 맞닿은 공포가 매일 밤 찾아왔습니다.

신혼 초에도 잠을 자다가 과호흡과 쇼크로 실려 간 적이 있었습니다. 버스를 타고 가거나 긴 터널을 지날 때, MRI 검사를 할 때도 물에 빠진 사람처럼 숨쉬기가 힘들었습니다.

늘 생각이 떠나지 않았던 것 같습니다. 분주한 사역과 그에 따르는 책임감, 성도들의 기도 제목과 어려운 상황들이 늘 제 마음을 짓눌렀습니다. 다른 이들의 아픔과 상처가 제 안에 쌓여 갔습니다. 그 모든 일들이 제 부족함 때문이라는 왜곡된 감정에도 자주 사로잡혔습니다.

하나님께 맡겨 드리지 못하는 저의 믿음 없음이 그저 죄송스럽기만 했습니다. 하지만 몸과 마음에 배어 버린 습관들은 쉽게 고쳐지지 않았습니다. 그런 저에게 아내가 말했습니다.

"그동안 충분히 달려왔어요. 언제든 내려놓고 쉬어도 돼요."

제가 아니어도 된다는 그 말이 너무나 고마웠습니다.

| 번 아 웃 |

그즈음 교목실 사역을 내려놓고 다시 본래의 삶으로 돌아왔습니다. 단순히 목회 현장으로 돌아온 게 아닌, '일하는 목회자' 이전의 삶으로 돌아온 것입니다. 저의 의지와 관계없이, 사업과 교목 모두 내려놓게 되었습니다. 목회 외의 모든 일들이 끊어진 것입니다. 무엇을 해야 할지, 어떻게 먹고 살아야 할지 막막했습니다. 갑자기 온 세상이 멈춰 버린 것 같았습니다.

하지만 무엇보다 쉼이 필요했습니다. 무기력했습니다. 숨을 내쉴 때마다 혼이 빠져나가는 기분이었습니다. 고개를 돌리거나 팔을 들어 올리는 것조차 버겁게 느껴졌습니다. 사람을 만나는 것도, 누군가를 위해 애쓰는 것도 부담스럽고 싫었습니다.

건강에도 적신호가 켜졌습니다. 혈압과 간 수치가 높아졌습니다. 병원에서는 언제 쓰러져도 이상하지 않은 상태라고 했습니다. 1년에

한 번 발생하던 통풍 발작도 거의 매주 찾아왔습니다. 끝없이 긴 바늘이 밤새도록 저의 발을 파고드는 것 같았습니다. 정신을 잃을 정도로 고통스러웠습니다. 그렇게 병원에 가면 구토가 날 정도로 독한 주사를 몇 번이고 맞아야 했습니다.

그렇게 약 1년 가까이 환자처럼 누워 있거나 지팡이를 짚고 다녔습니다. 생업은 둘째 치고, 일상생활 자체가 불가능했지요. 당시 저의 기도 제목은 그 어느 때보다 단순했습니다.

> *"주님, 주일 하루만큼은 아프지 않게 해 주세요."*

감사하게도 하나님께서는 제 기도에 응답해 주셨습니다. 병마와 싸운 그 세월 동안, 단 두 번을 제외하고는 주일 사역을 모두 감당하게 하셨기 때문입니다. 물론 지팡이를 짚어야 할 때도 있었습니다. 5분이면 걸어가던 거리가 1시간 넘게 걸릴 때도 많았습니다. 끔찍한 고통을 참아가면서 한 걸음씩 조심스럽게 디뎌야 했습니다. 근육이 틀어지고 손바닥에 시퍼런 멍이 들어야 겨우 한 걸음 나아갈 수 있었습니다.

그렇게 상계동의 언덕을 내려와 시장에 들어선 후에는 최대한 자연스럽게 걸으려고 노력했습니다. 이웃과 성도들에게는 보이고 싶지 않았습니다. 그렇게까지 하지 않아도 되었을 텐데, 제가 생각해도 당시에는 저 자신을 참 많이 괴롭혔던 것 같습니다.

그런 몸과 마음으로 1년 동안 교회를 섬겼습니다. 간혹 발작이 없을 때는 심방을 다녔습니다. 하지만 일주일의 대부분은 소망 없는 사람처럼 누워 있어야 했습니다. 그렇게 언제 끝날지 모르는 고통 속에서 점점 더 깊은 우울감에 빠져들었습니다.

| **'미안해'가 아닌 '고마워'** |

화장실에 갈 때도 네발로 기어서 갔습니다. 이를 악물고 고통을 참아 내야, 몇 번씩 거친 숨을 몰아쉰 뒤에야 겨우 일어설 수 있었습니다. 모든 뼈와 근육이 뒤틀리는 것 같았습니다. 계단을 오르내리는 것은 엄두도 내지 못했습니다. 마음을 다스리려고 노력할수록 더 심한 무기력증에 빠졌습니다. 끝이 언제인지 알 수 없었기 때문에, 더 힘들었습니다.

병원에서도 원인을 알 수 없다고 했습니다. 요산 수치와 혈압, 간 수치 등이 모두 정상 범위로 회복되었음에도 매주 발작을 했기 때문입니다. 병원에서는 심리적 요인인 것 같다고 했습니다. 그렇게 병원을 옮겨 다니며 치료를 받았습니다. 그러는 동안 신장 기능에도 문제가 생겼습니다.

하지만 저 혼자만의 고통이 아니었습니다. 저로 인해 가족들도 함께 아팠습니다. 아내는 퇴근 후에도 저와 아이들을 돌보느라 쉬지 못했습니다. 교회에 갈 때도 아내가 저를 부축해 주었습니다. 언덕을 다 내려와서는 혼자 걷겠다고 고집부리는 남편 때문에, 멀찌감치 떨어져서 저의 뒷모습을 지켜봐야 했습니다.

대중교통을 이용할 때면, 아이들은 아빠를 위해 엘리베이터를 먼저 찾아다녔습니다. 언제부터인가 막내는 안아 달라는 말도 하지 않았습니다. 어쩌다 컨디션이 괜찮아져서 안아 주기라도 하면, 엄마 눈치를 보면서 발을 동동 굴렀습니다.

"아빠 쉬셔야 해."
"아빠 힘들게 하지 마."

아이들이 제 앞에서 서로에게 이런 말을 자주 했습니다. 어리광 부려야 할 아이들이 저의 수발을 들었습니다. 든든한 버팀목이 되어 주고 싶었는데, 오히려 걱정을 끼치는 아빠가 되고 말았습니다. 실제로도 아이들의 얼굴은 점점 어두워졌습니다. 아이들도 불안했던 겁니다.

양가 부모님께서도 걱정이 이만저만이 아니었습니다. 문경에 계시는 부모님께서는 잠을 편히 못 주무셨습니다. 저를 위해 날마다 눈물로 기도하셨습니다. 장모님과 장인어른께는 일부러 말씀드리지 않았습니다만, 어느 정도는 알고 계셨습니다. 내색하지 않으셨지만 언제나 마음을 많이 써 주셨습니다.

가족들에게 미안했습니다. 하지만 너무 미안해서 미안하다는 말도 나오지 않았습니다. 고생하는 아내의 뒷모습을 무심한 듯 지켜볼 뿐이었습니다. 언제 끝날지 모르기에, 제가 해 줄 수 있는 말은 이것뿐이었습니다.

"여보, 고마워."
"고맙다, 아들아."
"고마워, 내 딸."
"감사해요. 어머니 아버지."

"미안해"와 "고마워"는 저에게 같은 의미였습니다. 아이들이 우울증에 걸리지 않은 것만으로도 고마웠습니다. 아내가 잘 버텨 줘서 감사했습니다. 시험에 빠지지 않고 제 곁을 지켜 준 성도들에게도 감사했습니다. 끝을 알 수 없는 어둠의 터널을 지나고 있었지만, 지나고 보니 거기에도 하나님의 은혜가 있었습니다.

| 그냥 전화해 봤어요 |

아무도 만나고 싶지 않았습니다. 하지만 그럴수록 더 외로웠습니다. 하지만 제 안부를 먼저 물어봐 주는 사람은 거의 없었습니다. 그동

안 제가 잘못 살았던 것일까요?

원망스러웠습니다. 그동안 저 나름대로 많은 이들을 섬기며 살아왔는데, 정작 제가 힘들 때는 주변에 아무도 없는 것 같았습니다. 그토록 자주 안부를 물으며 식사를 챙겼는데, 정작 저에게는 그런 친구 하나도 없는 것 같았습니다. 물론 누구의 잘못도 아니었습니다. 주변 사람들에게 저는 언제나 '괜찮은 사람', '잘 지내는 사람'이었으니까요.

그러던 어느 날 선교회 총무 목사님께 전화가 왔습니다. 핸드폰을 들여다보며 받아야 할지 말아야 할지를 한참 동안 고민했습니다. 그러고는 겨우 몸을 일으켜 최대한 밝은 톤으로 전화를 받았습니다.

"네, 목사님! 무슨 일 있으세요?"
"잘 지내십니까? 그냥 전화해 봤습니다."

목사님은 아무런 이유도 없이 그냥 생각이 나서 전화했다고 하셨습니다. 이후에도 목사님은 종종 '그냥' 전화하셨습니다. 그때마다 저는 억지로 몸을 일으켰고, 잠시 목을 푼 후에 전화를 받았습니다. 자다가 일어난 목소리로는 통화하고 싶지 않았습니다.

그렇게 그냥 걸려 온 전화 덕분에 잠시나마 일어날 수 있었습니다. 그리고 일어난 김에 간단히 밥을 먹고, 일어난 김에 세수도 했습니다. 일어난 김에 조금이나마 움직였습니다.

그러던 어느 날, 통장에 상당한 금액이 입금되어 있었습니다. 메모에는 '용인성서교회'가 적혀 있었습니다. 총무 목사님이 섬기시는 교회였습니다. 전화를 걸었습니다. 목사님은 너무나 태연스럽게 말씀하셨습니다.

> "아, 입금되었나요? 교회에서 보내는 선교 후원금입니다. 많지 않습니다."

그냥 걸려 온 전화처럼, 이유 없이 입금된 후원금이 제 가슴을 두드렸습니다. 그렇게 저는 매일 조금씩 다시 일어나고 있었습니다.

| '나'를 만나는 시간 |

사실 다른 이들에게 하는 것처럼, 저 자신을 대하지 못했습니다. 정작 스스로에게는 친절하지 못했습니다. 자주 만나 주지 못했고, 귀 기울이지 못했습니다. 아마도 바쁘게 살아가는 주변의 많은 분들이

저와 비슷한 고백을 하실 겁니다.

저는 '착한 사람 콤플렉스'에 빠져 있었습니다. 그래서 늘 다른 사람의 감정을 앞서 생각하곤 했습니다. 상대방의 마음이 상하는 것이 싫어서, 상대방이 당황하고 난처해지는 것이 싫어서, 먼저 끌어안는 습관이 제 안에 있었습니다. 그런 저에게 상담을 전공하신 한 목사님이 이런 조언을 해 주셨습니다.

> "목사님, 상대방의 감정 숙제까지 대신하지는 마세요. 처음에는 어색하고 마음이 불편하겠지만, 꾹 참아 보세요. 그것이 상대방을 위해서도 좋은 일이에요. 자신의 숙제를 직접 할 수 있게 해 주세요."

그때부터 저는 상대방의 감정 숙제에서 한 걸음 물러서기 시작했습니다. 누군가가 저에게 실수를 하면 사과할 기회를 주었습니다. 난처한 상황이나 당황스러운 일에도 직면할 수 있도록 내버려두었습니다. 처음에는 힘들었습니다. 지켜보면서 마음이 아프기도 했습니다. 하지만 시간이 지날수록 물러서는 것에 점점 더 익숙해졌습니다. 덕분에 불필요한 감정 소모를 조금이나마 줄일 수 있었습니다. 만성 두통과 안면 마비 증상도 조금씩 가라앉았습니다.

저 자신에게도 넉넉한 마음을 갖기로 했습니다. 저를 만나는 시간을 가지려고 노력했습니다. 하루는 다른 일정을 모두 취소하고서 가족들과의 시간을 가졌습니다. 해야 할 일도, 생각할 것도, 책임질 것도 없이 가족들과 함께한 저녁 식사였습니다. 온몸의 무거운 짐을 다 내려놓은 듯 가벼웠습니다. 오랜만에 시원하게 웃었습니다. 정말이지 환하게 웃었습니다.

쉬운 선택이 아닌 필수였습니다. '나를 만나는 시간'은 저 자신뿐 아니라 사랑하는 가족과 성도들을 행복하게 만드는 소중한 사역이었습니다. 앞으로의 인생 후반전을 위해, 10년 정도는 하프 타임을 가지려고 합니다. 그리고 그 시간 동안 나를 배려하고 내 감정에 귀 기울이는 시간을 더 갖고 싶습니다.

| 애썼다 |

잎이 붉게 물들기 시작할 즈음, 통풍 발작이 점점 가라앉기 시작했습니다. 끝이 보이지 않았던 통증이 거짓말처럼 사라지고 있었습니다. 여전히 부자연스러웠지만, 걸음도 조금씩 빨라졌습니다. 더 이상 엘리베이터를 찾지 않아도 되었습니다.

주님께서 "아들아, 애썼다. 이제 시간이 다 되었구나"라고 말씀하시는 것 같았습니다. 그렇게 회복된 몸으로 전교인 수련회를 섬겼습니다. 높은 계단을 오르내리며 누구보다 먼저 짐을 옮겼습니다. 그렇게 오르내릴 수 있고, 번쩍 들어 올릴 수 있어서 감사했습니다.

그날 밤, 기도회에서 저를 참고 기다리신 주님의 마음이 느껴졌습니다. 저보다 더 많이 우셨을 주님, 주님께서 원하시는 것은 저의 사역이 아닌 바로 저 자신이었습니다.

| 괜찮아 보여서 괜찮지 않은 너에게 |

동시에 하나님께서는 여러 귀한 만남을 허락하셨습니다. 그리고 그 만남을 통해 새로운 사역의 기회도 열어 주셨습니다. 감사한 것은 그분들이 먼저 저를 찾아오셨다는 것입니다. 생각지도 못한 일들이었습니다. 이후에도 저를 만나려고 찾아오시는 분들이 점점 더 늘었습니다. 그렇게 기도의 동역자가 생겼고, 사역의 친구들이 생겼습니다. 오랜 기도의 제목이 이루어진 것입니다.

긴 어둠의 터널을 지나며 한 가지 배운 것이 있었습니다. 그것은 '괜찮아 보이지만 그렇지 않은 사람들'이 생각보다 많다는 것이었습니다. 괜찮아 보인다는 이유로 소외되는 이들이 있습니다. 괜찮아 보여서 외로운 이들이 있습니다. 괜찮아야 했을 뿐인데, 그래서 더 괜찮지 못한 이들이 있습니다. 그들을 만나고 싶었습니다. 그리고 그들의 동반자가 되고 싶었습니다.

가장 먼저 떠오른 이들은 후배 사역자들이었습니다. 실제로 그들은 늘 괜찮아 보입니다. 동일한 고민과 아픔을 가지고 있으면서도 또래 청년들을 상담하며 돌보아야 합니다. 제가 그랬던 것처럼, 후배들은 늘 웃으며 "저는 괜찮아요"라고 말합니다.

하지만 안타깝게도 '다음 세대'에 관심이 많은 교회조차도, '다음 세대 사역자'를 돌보고 세우는 일에는 실패하는 것을 봅니다. 그들은 그저 '다음 세대' 캠프의 스태프로만 여겨집니다. 그들의 감정이나 상황은 고려되지 않을 때가 많습니다.

물론 하늘의 상급이 있음을 믿습니다. 하지만 이 땅에서도 누군가는 그들을 품어야 한다고 생각합니다. 단순히 물질적 후원뿐 아니라, 교육과 심리적인 부분까지 지원할 수 있는 사역을 하고 싶었습니다. 그것이 앞으로의 교회를 위한 일이라고 생각했습니다.

교목실에 있을 때 기획 단계에서 멈추었던 '리스텝 프로젝트'를 떠올렸습니다. 그리고 함께할 동역자를 찾기 위해 기도했습니다. 특히 공동 대표로서 이 일을 감당해 주실 분이 필요했습니다. 신앙과 인격을 겸비한 분, 경쟁보다는 협력을, 분쟁보다는 화목을 이룰 수 있는 분이어야 했습니다. 그렇게 처음부터 생각했던 분께 연락을 드렸습니다.

"목사님이 하시는 일이면, 저는 무조건 할게요!"

그렇게 '리스텝 미니스트리'의 본격적인 첫걸음이 시작되었습니다. 파주의 함께하는교회에서 임시 총회도 열었습니다. 그리고 같은 해 정식으로 비영리 단체와 학교 내 동아리를 세웠습니다.

처음에는 후배들과 소통하는 것부터 시작했습니다. 햄버거 몇 개 들고 찾아갔을 뿐인데, 후배들이 마음을 열고 받아 주었습니다. 그 모습에 오히려 힘을 얻었습니다. 그렇게 소통하고 공감하면서 무엇을 해야 하는지도 알게 되었습니다.

'Step again, Step together, Step in Jesus'

이런 캐치프레이즈를 가지고 한 걸음씩 내딛기 시작했습니다. 급하게 하지는 않았습니다. 회원들에게는 늘 리스텝의 사역을 세 번째 또는 네 번째쯤에 두라고 했습니다. 사역이 아닌 사랑을 하자고 했습니다. 이미 여기저기에서 귀한 사역을 감당하고 있었기 때문입니다.

저는 무엇이든 강요하지 않는 관계가 좋습니다. 처음에는 그것이 불안하고 느슨해 보일지 몰라도, 그 어떤 권위나 시스템에서는 경험할 수 없는 자유롭고 강한 연대가 이루어지기 때문입니다. 물론 그렇게 되기까지 대표나 리더들에게는 더 큰 사랑과 인내가 필요합니다. 감사하게도 그렇게 지난 2년 동안 여러 장학 사업과 교육 지원, 연합 캠프와 지역 사회 봉사를 섬길 수 있었습니다.

| 제주도에 처음 와 봤어요 |

제주에서 열린 멘토링 캠프에 참여한 한 후배 전도사님이 해맑게 웃으며 말했습니다. 마음이 좋았습니다. 함께하는 시간을 통해 후배들이 회복되었으면 좋겠습니다. 많은 경험을 쌓으며 자신감을 얻었으면 좋겠습니다. 그렇게 귀한 목회자로 세움을 받았으면 좋겠습니다. 그래서 포기할 수 없습니다. 때로 힘들고 어려워도 멈추거나 머뭇거릴 수가 없습니다. 이 일을 하나님께서 기뻐하신다고 믿었기 때문입니다.

물론 저희의 사역은 당장 열매를 기대하기가 어렵습니다. 혹 열매가 맺히더라도 우리의 수고와 헌신을 기억하는 사람은 거의 없을 것입니다. 하지만 당장 열매가 없어도 좋습니다. 우리를 기억하지 못해도 괜찮습니다. 아니, 오히려 더 좋습니다. 오직 모든 일을 이루시는 하나님께서 홀로 영광을 받으시길 소망합니다. 얼마 전에는 한 후배가 이렇게 말했습니다.

"리스텝에 와서 마음이 참 좋아요, 목사님."

내색은 하지 않았지만, 그 한마디에 너무나 행복했습니다. 시작하길 잘했다는 생각도 들었습니다. 하나님께서 제 마음을 아십니다.

| 혼자서는 할 수 없는 일 |

대표이기 때문에 본의 아니게 제가 드러날 때가 많습니다. 하지만 그것은 제가 원하는 바가 아닙니다. 단체 사진을 찍을 때도 저는 한쪽 구석에 서거나, 오히려 사진 찍는 역할을 하려고 합니다. 사진 속에 제가 없어도 됩니다. 그렇게 하지 않아도 이미 너무 많이 드러나는 것 같아서 부끄럽고 두렵습니다. 우리의 사역을 통해 오직 예수님만 영화롭게 되기를 원합니다.

무엇보다 리스텝 사역은 저 혼자만의 힘으로 하는 것이 아닙니다. 모든 것이 하나님의 은혜이며, 임원들을 비롯한 회원들의 헌신과 연합으로 이루어지고 있습니다. 공동 대표로 계시는 김현정 목사님은 제가 하는 일들이 다 잘되기를 바라는 마음으로 헌신해 주십니다. 리더들의 수고도 만만치 않습니다. 그분들 덕분에 제가 마음껏 일을 기획하고 추진할 수 있습니다. 때로 의견이 다를지라도, 서로를 존중하며 화목을 이루어 가는 스태프들의 영성과 인격에 저는 늘 고개를 숙입니다.

우리 한일성서교회 성도들의 헌신도 빼놓을 수 없습니다. 작은 교회임에도, 매년 신학생을 위한 장학 사업과 행사를 위해 물심양면으로 헌신하고 있습니다. 누구 하나 불평하지 않습니다. 교회를 먼저 세워야 하는 것이 아니냐는 원망도 하지 않습니다. 다음 세대 사역자들을 섬기는 것이 우리 교회를 향한 부르심이라 생각하고 기쁨으로 동참하고 있습니다. 대형 교회 목사님들이 부럽지 않은 이유입니다.

혼자서는 아무것도 할 수 없습니다. 이름 없이 빛도 없이 헌신하는 분들, 심지어 버겁게 느껴질 때조차 순종하는 분들이 있기에 가능한 것입니다. 실제로 성도 중에는 목회자보다 훨씬 더 뛰어난 분들이 많습니다. 그럼에도 겸손히 순종하는 것을 봅니다. 동의하기 어려울 때도 그 안에서 하나님의 뜻을 발견하고자 애쓰는 모습을 봅니다. 저 같은 사람에게는 찾아보기 힘든 신앙의 역량입니다.

사실 한국성서대학교는 교단이 없습니다. 선교회 소속 교회들은 대부분 재정적으로 어려움을 겪고 있습니다. 안타깝게도 동문 중에는 학교에 대한 자부심이 없거나 학교 출신임을 감추려는 분들도 있습니다. 그래서 후원도 어렵습니다. 그만큼 후배들은 더 외롭습니다. 하지만 그럼에도 크고 작은 사랑을 전해 주시는 분들이 계십니다. 고개를 숙이지 않을 수 없습니다.

사실 우리의 사역은 새로운 것이 아닙니다. 이미 여러 선배 목사님과 교회가 했던 일이고 또한 걸어왔던 길입니다. 그럼에도 여전히 필요한 일입니다. 그리고 주님 오시는 그날까지 지속되어야 할 일입니다. 그래서 점점 더 뒤로 물러나려 합니다. 더 낮은 곳을 향하려고 합니다. 다음 세대 사역자들이 건강하게 세워지도록, 기꺼이 그렇게 살고 싶습니다.

| 음압격리실에 오신 성령님 |

투병 중인 한 자매님을 위해 오랫동안 눈물로 기도하시던 한 권사님

이 계셨습니다. 권사님은 저를 처음 만난 순간부터 그분을 위한 기도 제목을 '숙제'라며 나눠 주셨습니다. 그러던 어느 날, 자매님에게 더 이상의 치료가 무의미하다는 진단이 내려졌습니다. 모두에게 슬프고 괴로운 소식이었습니다. 그럼에도 권사님은 포기하지 않았습니다. 오히려 자매님과 가족들에게 끊임없이 복음을 전했고, 예수님의 사랑으로 곁을 지키셨습니다. 그러던 어느 날 권사님으로부터 연락이 왔습니다.

"목사님, 병상 세례를 부탁드려도 될까요?"

권사님은 매우 조심스럽게 말씀하셨습니다. 하지만 저는 기꺼이 수락했습니다. 한 영혼을 주님께 의탁하는 것보다 더 중요한 일은 없다고 생각했습니다.

그런데 문제가 생겼습니다. 세례 예정일에 갑자기 자매님께 발작 증세가 나타난 것입니다. 게다가 아무도 만나지 않겠다면서 세례도 거부하셨습니다. 마치 절망의 구덩이에 내던져진 듯 보였습니다. 멀리서 지켜보는 제 마음에도 눈물이 차올랐습니다.

저는 복도에서 기다렸습니다. 마음이 열리기를 기도했습니다. 얼마 뒤 조심스럽게 권사님이 다가오셨습니다. 자매님이 저를 만나기 원한다고 하셔서 음압격리실로 향했습니다. 짧지만 긴 그 복도를 걸으며 저는 다시 기도했습니다.

"주님, 제가 아닌 성령님의 방문이 되게 하소서."

그렇게 선을 넘었습니다. 음압격리실에 들어섰습니다. 순간 성령님께서 제 영혼 깊은 곳에서부터 역사하셨습니다. 자매님을 비롯하여 따님과 권사님까지도 주님의 임재를 경험했습니다. 영혼 깊은 곳까지 뜨거운 진동이 이어졌습니다.

조용히 자매님의 그 야윈 손을 꼭 잡았습니다. 아무 말도 하지 않았습니다. 그저 눈을 마주하며 애쓰셨노라며 조용히 고개를 끄덕였습니다. 하나님께서 그 자매님을 얼마나 사랑하시는지 알 수 있었습니다.

그렇게 자매님을 축복하며 시편 23편의 말씀을 전했습니다. 곁에 있던 따님은 설교를 들으며 푸른 초장 위의 양 떼들이 평화롭게 노는 모습이 그려졌다고 했습니다. 그리고 성령님의 충만하심 가운데 마침내 자매님은 성부와 성자와 성령의 이름으로 세례를 받았습니다.

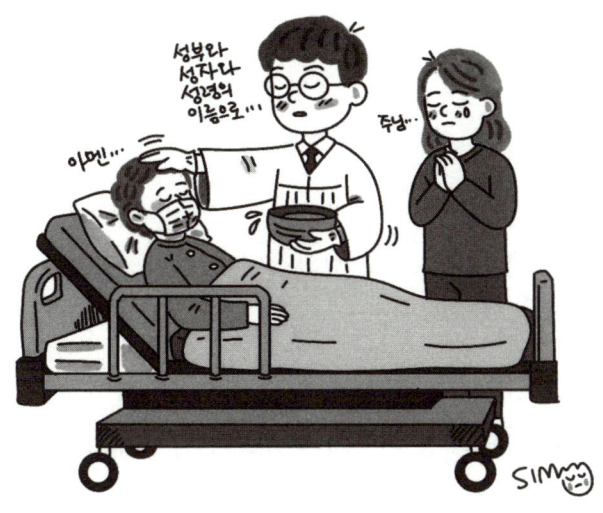

그날 이후 모두가 놀랄 만한 일이 일어났습니다. 극심한 고통에 시달리던 자매님이 다시 예전처럼 농담도 하고 웃으면서 식사를 하기 시작한 것입니다. 진통제가 필요 없을 정도로 통증도 완화되었습니다. 그렇게 2주 동안 자매님은 평안 가운데에서 따님과 소망을 나누시다가 누구보다 평안히 주님의 품에 안기셨습니다.

장례 예배를 집례하며, 남겨진 이들과 함께 울었습니다. 《슬픔은 발효 중》의 저자 박경임 선교사님의 메시지처럼, 유족들과 충분히 애도하고 싶었습니다. 가장 맨 앞에서 슬퍼하는 유가족의 걸음을 인도했습니다. 돌아오는 길에는 맨 뒤에서 한 분 한 분을 돌보았습니다. 서진교 목사님이 뒤에서 묵묵히 저를 도와주셨습니다. 그렇게 모든 절차를 마치고서 한 어르신께서 말씀하셨습니다.

"목사님을 뵈니 하나님이 정말 계신 것 같습니다."

주님께서 저에게 하시는 말씀 같았습니다. 하나님은 살아 계십니다. 살아 계신 하나님께서 자매님과 유족들을 사랑하셔서 귀한 권사님을 허락하셨습니다. 그리고 많은 기도의 동역자를 통해 자매님과 그 자녀들에게 구원의 빛을 비추어 주셨습니다. 실제로 권사님은 지금도 남겨진 가족들을 돌보며 복음을 전하고 계십니다. 저 역시 한 걸음 뒤에서 늘 함께 기도하고 있습니다.

사실 제가 한 일은 아무것도 없습니다. 그날 음압격리실에 방문하신 분은 성령님이셨습니다. 그분은 지금도 가장 가까이에서 자매님의 가족들을 돌보고 계십니다. 그리고 가장 아름다운 일들을 이루고 계십니다.

| 다시 피운 꽃 한 송이 |

곧 방문하실 손님을 맞이하기 위해 예배당을 청소하고 있었습니다. 그러다 예배당 입구에 놓인 화분에 눈길이 갔습니다. 무더운 날씨 탓인지 축 늘어져 있었습니다. 급한 마음에 얼른 화분을 집어서 쓰

레기통에 넣었습니다.

돌아서는데, 마음이 좋지 않았습니다. 이내 다시 화분을 꺼내 들었습니다. 물도 흠뻑 주었습니다. 버려서 미안하다고, 예쁘다고 말해 주었습니다. 그날 저녁부터 조금씩 잎이 살아났습니다. 며칠이 지나자 예쁜 꽃 한 송이가 활짝 피었습니다.

'이렇게 예쁜 꽃이었구나.'

그해 겨울이 되기까지, 피고 지기를 반복하며 꽃들이 저를 반겨 주었습니다. 병든 물고기 한 마리를 살리려고 온 마음을 쏟으시던 어머니와 아버지의 모습이 생각났습니다.

저를 향한 주님의 마음이었습니다. 그분의 사랑이었습니다. 지금도 주님은 그렇게 저를 사랑하십니다. 말라 버린 삶에 단비를 주시고, 시든 영혼에 생명을 불어넣으십니다.

| 공감의 힘 |

고된 일과를 마치고 집으로 향하던 중, 페이스북에서 우연히 한 그

림을 보았습니다. 《지우고 싶은 시간도 선물이었습니다》의 저자 이효경 작가님이 그린 〈해바라기〉였습니다. 가만히 그림을 들여다보았습니다. 그렇게 한참 동안 조용히 마음을 나누었습니다.

'괜찮아, 지금도 잘하고 있어?'

저도 모르게 미소가 지어졌습니다. 고단했던 마음이 온데간데없었습니다. 그림에서 위로를 받을 수 있다니, 작가님께 감사의 인사를 전했습니다. 그러자 작가님은 주인을 찾은 것 같다며 그 그림을 선물로 주셨습니다.

지금도 〈해바라기〉는 목양실 한쪽 벽에 걸려 있습니다. 여전히 저는 그림과 마음을 나눕니다. 그림에 담긴 작가님의 마음이 잔잔한 물결처럼 저에게 닿습니다. 그렇게 또 자리에서 일어납니다. 또 하루를 살아 냅니다.

'공감'에는 놀라운 힘이 있습니다. 특히 하나님의 사람, 기도의 사람이 전하는 공감에는 생명의 온기가 스며 있습니다. 바로 옆에 계신 듯 마음으로 함께해 주시는 분들 덕분에 저는 늘 새로운 힘을 얻습니다. "목사도 심방이 필요해요"라며 늘 챙겨 주시는 선배 목사님이 계십니다. 제가 늘 하던 말이었는데, 이제는 제가 그 사랑을 받습니다.

> "목사님이 계셔서 당고개가 사는 겁니다. 사람들이 알든 모르든 하나님께서는 목사님의 기도와 섬김을 보시고 당고개 지역을 돌보십니다?"

미국에서 오신 한 목사님의 격려에 울컥했습니다. 사랑을 받기 시작하니 더 사랑할 힘이 생겼습니다. 알아주는 이가 없어도 아무렇지 않았습니다. 감당할 수 없는 그 사랑을, 갚을 길 없는 그 은혜를, 저도 똑같이 흘려보내고 싶습니다.

선을 넘은 사랑

사실 '선을 넘는다'라는 말의 어감이 별로 좋지는 않습니다. 특히 요즘처럼 서로의 선을 지키는 것을 중요하게 생각하는 사회에서는 더욱 그렇습니다.

하지만 선을 넘어야 할 때가 있습니다. 특히나 아주 위급한 순간에는요. 물에 빠져서 허우적거리는 사람에게, "실례지만 제가 당신의 손을 잡아도 될까요?" 혹은 "제가 당신을 도와드려도 될까요?"라고 물으면 안 되겠지요.

위급한 순간에 놓인 우리를 위해 주님은 기꺼이 선을 넘으셨습니다. 하늘의 모든 영광을 다 비우시고 이 땅에 오셨습니다. 선을 넘어 사람의 모습으로, 그것도 가장 연약한 아기의 모습으로 오셨습니다. 죄를 지으실 수 없는 분께서 직접 사탄의 유혹을 받으셨고, 죄 없으신 분께서 저주받은 십자가에 달려 죽으셨습니다. 그리고 죽음을 이기시고 부활의 첫 열매가 되셨습니다. 이것이 '의도적 퇴행', 즉 진정한 의미의 '선을 넘은 사랑'이었습니다.

히브리서 기자가 고백한 것처럼, 주님은 '우리의 연약함을 동정하시는 대제사장'(히 4:15)이십니다. 그분은 단순히 우리의 아픔을 느끼는 정도로 끝내지 않으셨습니다. 우리의 입장이 되어 주셨습니다. 우리의 삶을 동일하게 살아 내셨습니다.

그 사랑이 우리를 살게 했습니다. 그분 안에서 우리의 아픔은 더 이상 아픔이 아닙니다. 상처가 상처로만 끝나지 않습니다. 그 사랑 안에서 우리의 상처는 이웃을 향한 연민과 사랑이 됩니다. 우리의 연약함은 섬김의 의향과 능력이 됩니다. 그것이 복음의 능력입니다. 그것이 선을 넘은 사랑의 힘입니다.

Epilogue
에필로그

- 완벽한 레시피 -

스물여덟에 목사 안수를 받고 교회를 개척하여 나름의 긴 시간을 달려왔습니다. 그 과정에서 때로는 외로웠고 때로는 두려웠습니다. '일하는 목회자'의 삶은 버겁기까지 했습니다. 그러다 몸과 마음이 무너지기도 했습니다. 그때는 몰랐습니다. 왜 저에게 이런 일이 일어나는지 알 수 없었고, 이해하고 싶지도 않았습니다. 아내도 그런 저를 보면서 많이 울었습니다.

하지만 지나고 보니 그것이 주님의 은혜였습니다. 그것이 저를 위한 준비 과정이었고, 그것이 하나님만의 특별한 레시피였습니다. 주님이 저를 잘 아십니다. 웃음 너머에 숨겨진 그 눈물과 한숨을 기억하십니다. 그리고 그 모든 순간에 함께하십니다.

덕분에 조금 더 볼 수 있게 되었습니다. 조금 더 진실할 수 있게 되었습니다. 조금 더 침묵할 수 있게 되었습니다. 조금 더 헤아리고 배려할 수 있게 되었습니다. 그렇게 조금 더 사랑하며 섬길 수 있게 되었습니다.

어떤 분들은 제가 나이에 비해 목회 경험이 많다고 하십니다. 하지만 저는 아직도 모르는 게 너무나 많습니다. 여전히 부족하고, 때로는 허덕입니다. 많은 것을 한 것 같지만, 사실 이제 겨우 재료 준비를 끝냈을 뿐이지요.

하나님의 레시피는 지금부터가 시작입니다. 가정과 목회, 다음 세대를 위한 여정도 이제 시작입니다. 분명 그 과정에서 다른 재료가 더 필요할 겁니다. 어쩌면 마지막 순간에 들어갈 가장 중요한 재료가 남아 있는지도 모르겠습니다.

앞으로도 하나님의 레시피는 실패가 없을 겁니다. 제 삶의 그 무엇도 버리지 않으시고, 귀한 재료로 사용하실 줄 믿습니다. 저에게뿐 아니라 이 글을 읽는 모든 분에게도 그러하실 겁니다. 하나님의 신실하심과 인자하심이 늘 여러분과 함께하길 소망하며 기도합니다.